New Media 互联网＋新媒体营销规划丛书

U0740693

新媒体
视觉设计

刘琛　黎夏克　万振杰 ◎ 主编

王静　梁莹颖 ◎ 副主编

人民邮电出版社

北 京

图书在版编目（CIP）数据

新媒体视觉设计 / 刘琛，黎夏克，万振杰主编. --
北京：人民邮电出版社，2019.8（2023.7重印）
（互联网+新媒体营销规划丛书）
ISBN 978-7-115-51552-0

Ⅰ. ①新… Ⅱ. ①刘… ②黎… ③万… Ⅲ. ①网络营
销－视觉设计 Ⅳ. ①F713.365.2

中国版本图书馆CIP数据核字(2019)第128312号

内 容 提 要

本书全面系统地介绍了新媒体视觉设计的概念、特点及应用，包括新媒体视觉设计师的关键能力、新媒体视觉设计的准备工作、新媒体视觉设计的基本原则、新媒体视觉设计的基本要素、新媒体动态交互视觉设计等内容，并精心安排了新媒体视觉设计的精彩实例，力求通过对这些实例的赏析，提高读者的艺术设计创意能力。最后，编者对想从事新媒体视觉设计的朋友提出了职业规划建议，对于服务品牌新媒体部门和加入新媒体设计公司这两种职业渠道均有完善的建议。

本书既适合新媒体视觉设计初学者使用，也可作为高等院校相关专业"视觉设计"课程的教材。

◆ 主　编　刘 琛　黎夏克　万振杰
　　副主编　王 静　梁莹颖
　　责任编辑　古显义
　　责任印制　马振武

◆ 人民邮电出版社出版发行　北京市丰台区成寿寺路 11 号
　　邮编　100164　电子邮件　315@ptpress.com.cn
　　网址　https://www.ptpress.com.cn
　　涿州市般润文化传播有限公司印刷

◆ 开本：720×960　1/16
　　印张：10.75　　　　　　　2019 年 8 月第 1 版
　　字数：170 千字　　　　　2023 年 7 月河北第 5 次印刷

定价：49.80 元

读者服务热线：(010)81055256　印装质量热线：(010)81055316
反盗版热线：(010)81055315
广告经营许可证：京东市监广登字 20170147 号

前言 PREFACE

编写背景

新媒体环境下，以移动互联网、虚拟现实、传感等为代表的新兴技术的产生和发展，对视觉设计产生了巨大影响。设计师们必须对这些变化有清晰的了解，才能更好地适应当前全新的设计环境。但是，目前市场上缺乏适合高校使用的系统讲解新媒体视觉设计的实战型图书，为此，我们编写了本书。

本书特色

本书主要建立在主流设计学科的理论基础上，并结合国内外最新的相关研究成果、案例及编辑团队的新媒体设计实践经验。因新媒体技术日新月异，读者学习本书的内容时需要结合实际情况。本书具有以下特色。

1. 体系完整

本书全面系统地介绍了新媒体视觉设计的概念、特点及应用，包括新媒体视觉设计师的关键能力、新媒体视觉设计的准备工作、新媒体视觉设计的基本原则、新媒体视觉设计的基本要素、新媒体动态交互视觉设计等内容。

2. 实操性强

很多关于新媒体设计的书侧重对新概念、新理论的介绍，知识体系很完备，但缺乏新媒体设计的实操细节。本书第6章精心安排了新媒体视觉设计的精彩实例，力求通过对这些实例的赏析，提高读者的新媒体视觉设计实践应用能力。本书的最后一章对想从事新媒体视觉设计的朋友提出了职业规划建议，对于服务品牌新媒体部门和加入新媒体设计公司这两种职业渠道均有完善的建议。

3. 注重思考

本书设计了大量的实战训练，旨在引导读者发挥主观能动性，切实提高新媒体视觉设计能力。这些栏目的设置能培养读者的独立思考能力，使其在工作中学以致用。

教学建议

本书适合作为本科院校及职业院校"视觉设计"课程的教材。如果选用本书作为教学用书，建议学时为32～48学时。建议选书教师依据本书多进行实战训练，提高学生的实战动手能力。

编者情况

本书由惠州经济职业技术学院专任教师刘琛、黎夏克、万振杰、王静、梁莹颖合作完成。本书在编写过程中得到了诸多朋友的帮助，在此表示感谢。由于作者水平有限，本书若有不妥之处，欢迎广大读者发邮件至675208706@qq.com指正。

编者

2019年3月

目录 CONTENTS

第 1 章

认识新媒体视觉设计

视觉设计是一个非常成熟的概念，但新媒体是一个新兴概念，相关研究较少，所以理解新媒体视觉设计的核心在于理解什么是新媒体，以及新媒体的诞生和发展对视觉设计的影响。

1.1 新媒体视觉设计的概念

》》1.1.1 什么是新媒体

"新媒体"（New Media）一词源于美国哥伦比亚广播电视网技术研究所所长戈尔德马克在1967年提出的一份商品开发计划。1969年，美国传播政策总统特别委员会主席罗斯托在向尼克松总统提交的报告中，也多处使用了"New Media"一词。由此，"新媒体"一词开始在美国流行并迅速扩展至全世界。

关于新媒体的定义有很多，至今没有定论，其中比较权威的定义有以下几种。

> 新媒体是以数字技术为基础、以网络为载体进行信息传播的媒介（联合国教科文组织的定义）。

> 新媒体是所有人对所有人的传播（美国《连线》杂志的定义）。

这两个定义反映了：相对于传统媒体而言，新媒体有两个核心的改变，一是传播媒介由传统媒介变成了基于互联网的新媒介，二是传播者由权威媒介组织变成了所有人。不过第二个特点在新媒体发展早期并没有被强调，直到自媒体迅速发展，普通个人作为传播者才引起广泛关注。

本书采用的是清华大学新闻与传播学院熊澄宇教授的定义。熊教授认为，新媒体是一个相对的概念，媒体是信息载体，新是相对旧而言的。一种新出现的信息载体，其受众达到一定的数量，这种信息载体就可以被称为"新媒体"。当电视出现，相对报纸广播，它是"新"媒体；光盘的大量使用，它又称为"新"媒体；互联网渐入佳境后，手机短信是"新"媒体；信息时代，向用户提供包括语音、数据、视频等多种信息形式和内容的高附加值的信息服务成为发展的趋势，网络电视、手机电视、无线视频自然成为新媒体。

本书写作阶段的新媒体主要指的是移动媒体（如微信公众号、微博、今日头条等）、交互媒体（交互广告牌等）和数字媒体（数字电视、数字广播、数字杂志）。其中，移动媒体中的微信公众号的受众最广，设计的可自定义程度最高，所以本书主要以微信公众号为例，结合部分HTML5、交互媒体、数字媒体案例讲解新媒体的视觉设计。

》 1.1.2　什么是视觉设计

视觉设计的全称是视觉传达设计（Visual Communication Design），是指依据特定的设计目的，对信息进行分析、归纳，并通过文字、图形、色彩等基本要素进行设计创作，将可视化信息传达给受众并对其产生影响的过程。

简单来说，视觉传达设计是通过视觉媒介将信息传达给观众的设计。它是"给人看的设计，告知的设计"。

》 1.1.3　什么是新媒体视觉设计

我们通过视觉设计的概念可以看出，视觉设计具有高度的媒体依赖性，媒介的改变会对视觉设计产生深刻的影响，具体是如何影响的呢？我们可以从视觉传达过程的角度来分析。

视觉传达的过程一般归纳为："谁（传播者）""把什么（信息）""通过什么（媒介）""传达给谁（接收者）""效果如何（传播效果）"5个程序，如表1-1所示。媒介的改变主要影响的是信息的形式、媒介本身及传播效果。

表 1-1　视觉传达的过程

	谁	把什么	通过什么	传达给谁	效果如何
传统媒体视觉设计	设计师	可视化信息（单一、静态、平面、单向）	广播、电视、报纸、杂志等（单向媒介）	用户	单向传递，效果不佳
新媒体视觉设计	设计师	可视化信息（多元、动态、立体、交互）	移动媒体、交互媒体、数字媒体等（可交互媒介）	用户	交互性更强，效果更好

通过以上分析，我们可以得出新媒体视觉设计的概念：新媒体视觉设计是指依据特定的设计目的，对信息进行分析、归纳，并结合移动互联网、虚拟现实、传感等新兴技术，对文字、图形、色彩等基本要素进行设计创作，将多元、动态、立体、交互的可视化信息，通过移动媒体、交互媒体、数字

媒体等可交互媒介传达给受众并对受众产生影响的过程。

》》 1.1.4 新媒体视觉设计的特点

新媒体环境下，以移动互联网、虚拟现实、传感等为代表的新技术的产生和发展，对视觉设计产生了巨大影响，主要表现在以下几个方面。

1. 从物质设计到非物质设计

早在20世纪80年代，西方设计学界已经开始就设计向后工业社会过渡的问题进行了研讨，如美国西北大学艺术学系交叉学科研究中心主持召开的"设计、技术和后工业社会的未来"的学术研讨会及其他一系列国际性学术会议，就计算机介入当代信息环境中的设计、制造业在电子环境中的变革等问题进行了探讨，在研讨中对20世纪末期的设计及其走向的争论趋于激烈。20世纪90年代，电子空间的虚拟化设计、信息设计、网络界面之类的设计成为中心话题，这类设计都涉及数字语言的程序化问题，都具有非物质性质，因此"非物质设计"的话题突显出来。

"非物质设计"是社会非物质化的产物，是以信息设计为主的设计，是基于服务的设计。在信息社会，社会生产、经济、文化的各个层面都发生了重大变化，这些变化反映了社会从基于制造和生产物质产品转向基于服务的经济性社会。这种转变，不但扩大了设计的范围，使设计的功能和社会作用大大增强，而且导致设计本质的变化。西方有的学者将设计定义为一个"伪造"的领域，设计从"制造"的领域转变为一个"伪造"的领域，从一个讲究良好的形式和功能的文化转向一个非物质的和多元再现的文化，即进入一个以非物质的虚拟设计、数字化设计为主要特征的设计新领域，设计的功能、存在方式和形式乃至设计本质都不同于物质设计。

美国竞技体育运动中有用冰镇饮料捉弄主教练来庆祝重要比赛胜利的传统（见图1-1），而这个传统就是由美式橄榄球兴起的。在赢得每年最重要的比赛时，赢球一方在场下休息的队员会悄悄摸到主教练身后，趁其毫无防备的时候将整整一桶混有冰块的佳得乐冷饮从头上泼下。

图1-1

这种传统叫作"佳得乐洗浴"（Gatorade shower，也称Gatorade dunk）。这个时候，周围的其他人非但不会加以阻拦，反而心照不宣故作镇静，甚至故意搭话转移被泼者的注意力来协助泼水者搞恶作剧。而被泼者虽然狼狈不堪并且浑身发抖（橄榄球决赛通常在冬季举行），但是往往由于赢球的喜悦而不再追究。

在网络短视频流行的当下，佳得乐在snapchat推出了一款增强现实（Augmented Reality，AR）应用，让粉丝们也能在赢球的那一刻享受"被浇"的快感（见图1-2）。

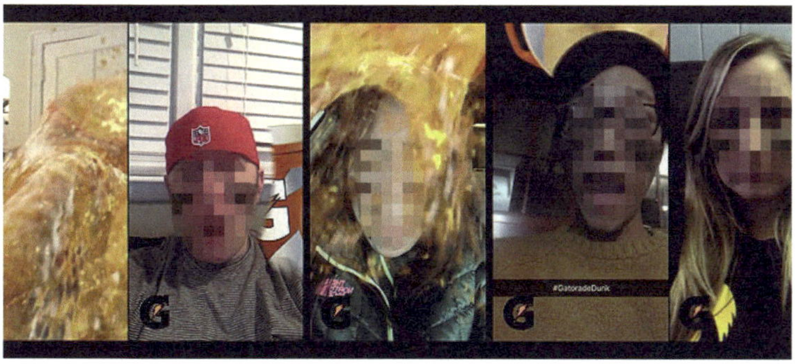

图1-2

图1-3中，苹果的这款广告讲述的是拖着疲惫身体下班回家的女主人，通过苹果智能语音助手（Siri）唤醒了苹果内置智能音箱（HomePod），播放自己喜爱的音乐。随着《Til it's Over》旋律的响起，女主人仿佛拥有了神奇的魔力，伴随着音乐和舞蹈进入了另一个维度的世界，一扫之前的阴霾

情绪。身边的墙壁都由色彩横条无限延伸开来，女主人在这个房间里不断扩大、变幻、镜像化，呈现出多重空间。

图1-3

2. 从二维设计到多维设计

多维化这个概念最早出现在几何学中，是由"一维""二维""三维"的概念引申出来的，"维度"一般就是这类概念的总称。新媒介的发生使视觉语言的表现形式从二维空间转向三维和四维空间。传统的视觉设计表现方式是在二维空间内进行文字、图片、色彩的编排等，伴随新媒介的发展，视觉设计需要更加新颖的设计表现形式及更快速有效地传达信息来影响受众，所以突破二维的局限是必然趋势。

值得一提的是，这里的"多维"并非现实意义上的维度空间，而是由新媒体营造出的多维虚拟空间。新媒体的多维化语言有两层含义，一是新媒体创作的维度空间，二是其中的非线性布局。非线性也是新媒体视觉传达设计独特的创作思维方式，它是基于新媒体的整体结构而产生的，这相比传统平面设计的线性思维是一个崭新的突破，设计者在设计创作中需要在多维度的空间内组织设计元素，包括虚拟的三维立体形态、时间及音效等。新媒体强大的互动性及独特的时空性，为设计者提供了新的设计语言和思维方式，同时也提供了全新的设计视角与创作空间。

这里提及的三维空间是由面延伸出的可感知的虚拟空间，而关于虚拟，就是凭借想象、联想而超越现实的一种思维方式。在高、精、尖的科学技术的数字时代，"虚拟"的内涵已经被远远地扩大了。严格地说，平面媒体中的空间概念仍然属于平面基础上的模拟，人们依靠视觉接纳来完成设计对象二维至三维的转化。三维设计技术的诞生和普及大大提高了设计与工程效率，而且也可在创作过程中对已做的创作反悔并选择新的切入点重新设计，节省了设计者大量的创作时间与精力，同时不会造成材料上的浪费和废弃。

当今，多种三维空间的模拟软件为更具挑战性的景观、广告场景、动画片头等设计工作提供有力支持（见图1-4）。例如，三维的模型建立与渲染，加上场景及灯光等后期效果，可得到更加精致的外观及灵活多变的取景角度。三维技术呈现出来的设计作品在视觉层面而言仍然遵循着很多传统平面设计的标准，技术与美的权衡在这里得到了充分体现。

图1-4

在数字信息化传播的时代，新媒介层出不穷，视觉传达设计重获新的视觉语言，从此也将视觉传达设计带入了虚拟的多维度创作空间，在数字化的虚拟平台上，设计者需充分发挥想象力和创造力，突破二维的思维局限，用多维的视角及非线性思维进行创意表达，而多维化的设计语言也使新媒体设计作品更富独特的视觉表现力。

3. 从静态设计到动态设计

随着数字技术和网络技术不断介入媒体传播的领域中，传统纸媒逐渐转向屏幕化的新媒体时代。文字及图像以屏幕为媒介载体的视觉表现方式使得人们在阅读方式上发生了质的变化。动态化的图形与文字应运而生。如今，动态设计被广泛运用在新媒体书籍、网页、动画、影视等设计中，动态化的图形与文字使曾经静态的版式编排增加了运动和时间的维度，同时能够伴随声音、基于新媒体的传播优势，使其体现了明显的交互性，受众可以从中得到更好的互动与人性化体验，也为阅读增添了趣味性。

视觉符号的动态化更加吸引受众的关注，使新媒体视觉传达设计在进行图像表现时除了需要关注平面视觉元素的表现形式外，还要考虑其在画面中的动画效果。

我们可以在网页空间中按照一定的时间间隔改变图片、文字的内容或者位置的移动，从而形成动画效果。在现在的设计软件中，许多应用中都能够通过时间轴的设定对图片进行简单的动态效果处理，生成GIF图像。例如，KARMA公司为支付宝制作的《太误事报》（见图1-5），就采用了GIF格式，生动有趣。

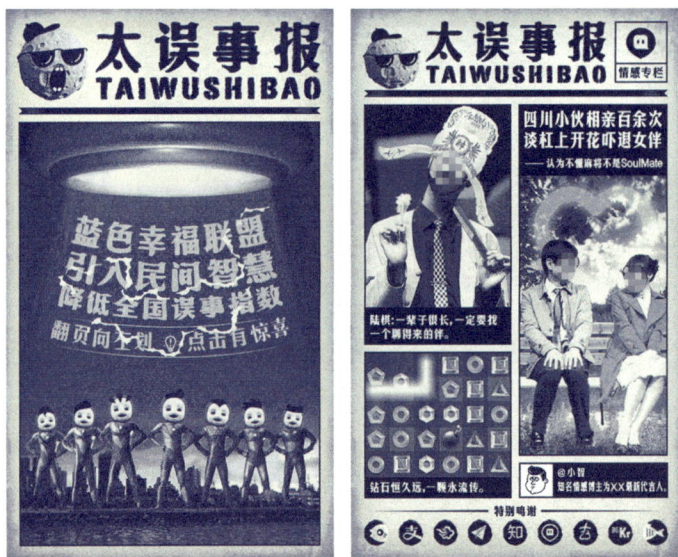

图1-5

4. 从单向传达到人机交互

互动性是一个比较宽泛的概念，运用在不同的领域中，它的含义是不同的。在新媒体视觉传达设计的语境中，互动是指用户通过不同的行为参与设计作品并施加影响力。

人机交互指的是系统与用户之间的互动关系。系统可以是各种各样的机器，也可以是计算机化的系统和软件。人机交互界面通常就是指用户可见的部分。用户通过人机互动界面与系统交流并进行操作。在新媒体中，交互性是新媒体技术下视觉传达设计中最独特的设计。视觉传达设计的交互性在丰富多样的设计实践中已有比较充分的表现，完整系统的数字网的引入也为互动及文本、图像和声音等诸多因素的集合创造了前所未有的条件。

随着数字技术与互联网技术的发展，交互性主要体现在视觉传达设计的创造和新媒体的信息传播上。这与传统视觉设计形式相比，更具兼容性和亲和力。同时，新媒体技术的发展使得图像的创作获得了巨大的进步，由早期通过复杂的程序语言创造到如今的以计算机鼠标、绘图板直接创作，其间经过不断进步及注入许多新观念，而互动方式的创作也成为新媒体时代下艺术创作的主要方式之一。

新媒体的交互性为工具的开发与创新提供了许多便利。现在，图像不但能迅速将创作者的理念转化为形象，而且新媒体视觉设计还提供了许多方式，可以任意构建图形图案并进行快速转换色彩等，从而给设计者提供了自我发挥的创意空间。如今，交互性的设计语言已广泛运用到新媒体视觉设计中，如交互式的广告设计、界面设计、网页设计等。

新媒体的数字化、集成性与交互性为视觉设计带来了新的视觉信息传递模式，更重要的是实现了人与界面的交流，同时这种交互性已经不再仅停留在信息传达的层面，而更注重受众的体验和感受。例如，啤酒品牌Farnham在街头放置的一个互动啤酒售货机，你只要对着机器大声喊出你的苦，机器便会根据分贝来判断苦的程度，然后吐出一瓶相应等级苦味的啤酒（见图1-6）。

图1-6

2014年巴西世界杯是迄今为止推特（Twitter）最活跃的一段时期，共计有 6.72 亿次推文发送。所以瑞典啤酒品牌 Norrlands Guld 决定把两者结合起来，发明一种在啤酒中印推文的新系统。代理商制作了一款使用麦芽油墨，并直接连接到 Twitter 的打印机，然后通过网络发送实时的推文到机器里。接着，这些机器将会对推文进行缩放，印到啤酒的泡沫上（见图1-7）。该机器在瑞典和丹麦的比赛中首次亮相，并在整个世界杯期间的瑞典各地酒吧上线，人们可以放下手机，尽情享受比赛了。

图1-7

5. 从单一到多元化的呈现方式

传统媒体在传达过程中表现的形式不同，所发挥的作用也不同。新技术、新媒体的出现，个性的分众传达，改变了人们对视觉信息的获取方式和审美需求，从内容到媒介再到受众，纷至沓来的各种问题需要新媒体视觉设计来面对和解决。

新媒体融合了文字、声音、图像、影像、颜色、音乐、游戏等多种媒介元素，具有多种媒体技术的支撑，可以综合使用多种设计元素，超越了传统媒体之间的障碍，呈现出多元化的视觉设计方式，设计表现手段和传达方法得以跨越发展。

在新媒体视觉设计中，我们要找寻传统媒体与新媒体在视觉设计上存在的差异，既借鉴已有媒体，又有所创新，经由本节所分析的6项特征，实质上是有别于传统媒体的视觉设计，可具体提供视觉设计的依据及发展，又可利用新媒体加强视觉设计效果，创造出新的、更富于表现力的视觉设计。

华硕为其生产的ZenFone 5 手机发布了一支创意广告，这支广告由洛杉矶乐队 OK GO 打造。舞者 Ian Eastwood 穿着由 89 台 ZenFone 5 制作而成的"西装"，并在大约用 1 139 台手机组成的大屏幕前舞蹈漫步。随着节奏的变换，手机屏幕也交替呈现丰富多彩的画面。该创意广告通过舞蹈和画面展示，将华硕 ZenFone 5 的造型设计等亮点展示出来（见图1-8）。

图1-8

6. 从横屏到竖屏的打开方式

随着移动智能设备的普及，设计环境正在由传统电视和 PC 时代的横版构图独霸的景象向"横竖屏"双雄争霸的局势转变。随着人们在越来越多碎片化场景使用短视频，竖版会更符合用户的习惯。

从创意的角度来看，竖屏内容不仅能更好地拉近与用户之间的距离，给人一种亲密感，还可以被赋予更多的情感意义。同时，竖屏内容可以更自然流畅地与用户产生实时互动及评论分享，充分激发用户的参与感。例如，M&C Saatchi aeiou在"2018年金投赏品牌创意命题大赛"中的获奖作品《ASMR》（见图1-9），就是典型的竖版视频，非常适合移动端用户参与体验。

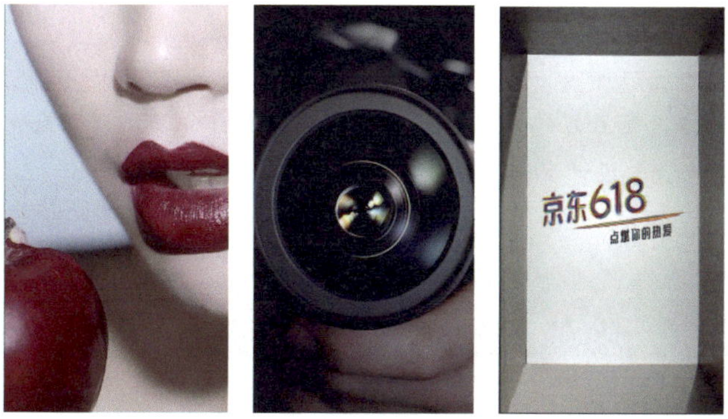

图1-9

对于创意人而言，从横屏到竖屏的变化，意味着构图、故事、拍摄手法、影视语言、交互方式等都将发生系列变化，从本质上而言是整个创意思维的系统性变化。创意人需要在设计思维上进行全新升级，迎接这场竖屏体验的革命。

要点回顾

● 新媒体是一个相对的概念，媒体是信息载体，新是相对旧而言的。一种新出现的信息载体，其受众达到一定的数量，这种信息载体就可以被称为"新媒体"。

● 视觉设计的全称是视觉传达设计（Visual Communication Design），是指依据特定的设计目的，对信息进行分析、归纳，并通过文字、图形、色彩等基本要素进行设计创作，将可视化信息传达给受众并对其产生影响的过程。

● 新媒体视觉设计是指依据特定的设计目的，对信息进行分析、归纳，并结合移动互联网、虚拟现实、传感技术等新兴技术，对文字、图形、色彩等基本要素进行设计创作，将多元、动态、立体、交互的可视化信息，通过移动媒体、交互媒体、数字媒体等可交互媒介传达给受众并对受众产生影响的过程。

● 新媒体环境下，以移动互联网、虚拟现实、传感等新技术为代表的产生和发展，对视觉设计产生了巨大影响，主要表现在：（1）从物质设计到非物质设计，（2）从二维设计到多维设计，（3）从静态设计到动态设计，（4）从单向传达到人机交互，（5）从单一到多元化的呈现方式，（6）从横屏到竖屏的打开方式。

设计实践

在移动媒体、交互媒体、数字媒体上收集分别符合多元、动态、立体、交互特点的新媒体视觉设计实例，并分析其特点和效果。

1.2 新媒体视觉设计师的关键能力

》》 1.2.1 创造能力

对于新媒体视觉设计师来说，创造力是最重要，也是最难获得的能力。

和其他所有能力一样，创造力也可以通过后天的学习提升，只要我们掌握创意的方法和逻辑。

对于创意的产生，世界公认的创意大师詹姆斯·韦伯·扬（James Webb Young）有过详尽的论述。他认为创意是有规律可循的，产生创意的基本方针有以下两点。

➢ 创意完全是把事物原来的许多旧要素做新的组合。

➢ 必须具有把事物旧要素予以新的组合的能力。

此外，詹姆斯·韦伯·扬认为，创意思维的过程应该经历6个步骤，并且绝对要遵循这6个步骤的先后次序。

➢ 收集原始资料（信息）。一般来说，收集的资料（信息）应该有两种类型。特定资料主要是指与特定策划创意对象相关的资料和与特定策划创意对象相关的公众的资料，这类资料大多由专业调查得到。一般资料是指未必都与特定的策划创意对象相关，但一定会对特定的策划思维有帮助的资料。所以，一般策划者都应该对各方面的资料具有浓厚的兴趣，而且善于了解各个学科的资讯。创意思维的材料犹如一个万花筒，万花筒内的材料数量越多，组成的图案就越多。与万花筒原理一样，掌握的原始资料越多，就越容易产生创意。

➢ 认真阅读收集的资料。资料收集到一定的程度，就要对所收集的资料进行认真的阅读、理解。这时的阅读不是一般地浏览，而是要认真地阅读，要带着一个宏观的思路去认真阅读。对所收集到的全部的资料，包括历史的、专业的资料，一般性的资料，实地调查资料，以及脑海中过去积累的资料，进行逐一梳理，进而理解、掌握。

➢ 认真研究所有资料。研究（商务策划思维步骤中的"判断"环节）是有一定技巧的。需要把一件事物用不同的方式去考虑；还要通过不同的角度进行分析；然后尝试把相关的两个事物放在一起，研究它们的内在关系配合如何。

➢ 放开题目，放松自己。选取自己最喜欢的娱乐方式，如打球、听音乐、唱歌、看电影等，总之将精力转向任何能使自己身心轻松的节目，完全顺乎自然地放松。不要以为这是一个毫无意义的过程，实质上，这个过程是转向刺激潜意识的创作过程。转向自己所喜欢的轻松方式，这些方式均是可以刺激自己的想象力及情绪的较好方式。

➢ 创意出现。假如在上述4个阶段中确已尽到责任，几乎可以肯定会经历第五个

阶段。创意往往会在策划人费尽心思、苦苦思索，经过一段停止思索的休息
与放松之后出现。

➤ 对冥发的创意进行细致的修改、补充、锤炼、提高。这是创意最后一个阶
段的工作，也是必须要做的工作。一个创意的初期冥发，肯定不会很完
善，所以要充分运用商务策划的专业知识予以完善。这时，重要的是要将
自己的创意提交创意小组去评审，履行群体创意、集思广益、完善细化的
程序。

≫ 1.2.2　审美能力

审美能力即艺术鉴赏能力。它让我们认识到什么是美，并且能评价美。
培养和提高审美能力有许多方法，收集、学习、借鉴优秀的设计作品，包括
国内外优秀的杂志设计、书籍设计、网页设计等，是较快提升自身审美能力
的方法。

例如，时尚行业新媒体的设计可以多看看时尚行业著名的品牌杂志，如
medicine品牌画册（见图1-10）。

图1-10

汽车行业新媒体的设计可以学习奔驰People & Cars杂志的版面设计（见
图1-11）。

图1-11

互联网行业新媒体的设计可以学习谷歌Go North杂志的版面设计（见图1-12）。

图1-12

除此以外，多学习、评价同类型公众号的视觉设计，对提升审美能力会有很大的帮助。表1-2所示为视觉设计非常优秀的微信公众号品牌，涵盖了情感、设计、读书、创意、科技、美妆等多个行业，供大家学习。

表 1-2　优秀视觉设计公众号

类别	名称	亮点
情感	我要 WhatYouNeed	大胆尝试不同排版样式、极简风格
	我走路带风	怀旧、波普艺术风格
	KnowYourSelf	黑色系、凸显专业
	灵魂有香气的女子	色调和谐统一，有自己的风格
生活	VICE	色彩鲜艳，个性突出
	24HOURS	专业杂志风格
	一条	极简风格
	物道	极简风格
	美树嘉文艺志	专业杂志风格
电影	乌鸦电影	手绘风格，个性很突出
摄影	AIRPHOTO	专业杂志风格
设计	创可贴设计	擅长动态设计
	Voicer	专业杂志风格，擅长动态设计
汽车	吉利汽车	科技感很强
	奔驰	擅长长图
读书	新京报书评周刊	专业杂志风格
	十点读书	文艺风格、统一感强
	有书	文艺风格、统一感强
经济	吴晓波频道	统一感强
	正和岛	设计简单、逻辑清晰、专业感强
	功夫财经	设计偏活泼的财经号
	第一财经周刊	设计成熟，细节精致，专业感强
时尚	时尚先生	专业杂志风格
	GQ 实验室	专业杂志风格
	胡辛束	擅长拼贴、像素等风格
创业	36 氪	蓝色系、凸显专业
	创业邦	黄色系、风格统一
科技	差评	黑色系，设计有个性且活泼
	躺倒鸭	可爱风格的科技号
	苹果	极简风

续表

类别	名称	亮点
营销	顶尖文案 TOPYS	创意、色彩丰富
	休克文案	极简风格
冷知识	利维坦	复古设计、个性突出
	局部气候调查组	长图、拼贴
食品	好色派沙拉	色彩丰富、设计精美
	小茗同学	3D 卡通设计、风格统一
	海底捞火锅	小清新风格
	In0752	小清新风格、现代风格
	日食记	小清新风格
美妆	HomeFacialPro	极简风格、巧妙利用小图标、擅长留白
	百雀羚	品牌整体感很强
微信官方号	WeChat Moments	绿色系，可爱风格
公益	轻松筹	品牌统一感很强
	BottleDream	温馨风格

≫ 1.2.3　工具掌控能力

　　软件只是实现效果的工具，但掌握工具却是不可忽视的能力。新媒体视觉设计主要会用到以下两类工具。

　　第一类是静态平面设计工具，如Photoshop、Illustrator、C4D等（见图1-13）。

图1-13

　　这类工具较为复杂，需要较长一段时间才能熟练使用，如果设计基础薄弱，可以直接使用简单的图片设计工具，如懒设计和创客贴。懒设计和创客贴都提供了国内主流新媒体，如微信和微博的主要图片场景模板，简单修改即可使用（见图1-14）。

图1-14

　　不同的是，懒设计还提供了国外主流新媒体，如Facebook、Twitter、Google+等的主要图片场景模板（见图1-15）。

图1-15

　　第二类是动态交互设计工具，如After Effects、Flash、Premiere、iH5等，学习难度相对更大，交互类的设计还需要一定的代码基础，对设计师的要求非常高（见图1-16）。

图1-16

除此以外，微信公众号的视觉设计中还需要用到正文的编辑和排版工具。除了微信默认的编辑器外，设计师还可以选用135、秀米等第三方编辑器，或安装新媒体管家、壹伴小助手等排版插件。

要点回顾

- 对于创意的产生，世界公认的创意大师詹姆斯·韦伯·扬（James Webb Young）有过详尽的论述。他认为创意也是有规律可循的，产生创意的基本方针有两点，并且创意思维的过程应该经历6个步骤，并且绝对要遵循这6个步骤的先后次序。

- 审美能力即艺术鉴赏能力，它让我们认识到什么是美，并且能评价美。培养和提高审美能力有许多方法，收集、学习、借鉴优秀的设计作品，包括国内外优秀的杂志设计、书籍设计、网页设计等，是较快提升自身审美能力的方法。除此以外，多学习、评价同类型公众号的视觉设计，对提升审美能力会有非常大的帮助。

- 软件只是实现效果的工具，但掌握工具却是不可忽视的能力。新媒体视觉设计中主要会用到两类工具。第一类是静态平面设计工具，如Photoshop、Illustrator、C4D等。这类工具较为复杂，需要较长一段时间才能熟练使用，如果设计基础薄弱，可以直接使用简单的图片设计工具，如懒设计和创客贴。第二类是动态交互设计工具，如After Effects、Flash、Premiere、iH5等，学习难度相对更大，交互类的设计还需要一定的代码基础。

设计实践

1. 总结新媒体视觉设计的概念。
2. 总结新媒体视觉设计的特点。
3. 收集10本你觉得设计优秀的杂志，并分析它们的设计亮点。
4. 收集10个你觉得设计优秀的公众号，并分析它们的设计亮点。

第2章

新媒体视觉设计准备工作

分析用户需求，可以明确设计方向；分析竞争对手，可以取长补短，避免同质化。在此基础上，确定符合目标用户需求，但不与竞争对手重复的设计理念，然后利用情绪板工具完成设计草案。

2.1 明确用户需求

要做出好的设计，需要明确目标用户及用户需求。

明确目标用户是产品经理在产品定位阶段就应该完成的工作，不是设计师需要考虑的事情。设计师需要考虑的是，这些用户在使用品牌新媒体的过程中有哪些需求。

用户需求有时候并不能直接从用户口中得知，因为很多用户并不知道他们真正需要的是什么。《简约至上》一书中提到：一个用户说，我现在需要一个馒头。这时最好的方法并不是给用户一个馒头，因为我们知道这里用户真正的需求是"用户饿了，想吃东西"，这个时候如果你提供一个鸡腿给用户，大部分用户都会更加高兴。

在明确用户需求时，可以借助KANO模型。KANO模型是东京理工大学教授狩野纪昭（Noriaki Kano）发明的对用户需求分类和优先排序的有用工具，以分析用户需求对用户满意的影响为基础，体现了产品性能和用户满意之间的非线性关系。根据不同类型的质量特性与顾客满意度之间的关系，狩野纪昭教授将产品服务的质量特性分为五类。

➢ 基本（必备）型需求——Must-be Quality/Basic Quality

➢ 期望（意愿）型需求——One-dimensional Quality/Performance Quality

➢ 兴奋（魅力）型需求——Attractive Quality/Excitement Quality

➢ 无差异型需求——Indifferent Quality/Neutral Quality

➢ 反向（逆向）型需求——Reverse Quality

KANO模型（见图2-1）：用户并不知道自己真正的需求，一旦我们能够提供超出用户预期的设计，就会大大增加用户满意度。

KANO模型最下方的红色曲线是用户认为最基本的需求，这一类需求是设计中必须要考虑的。比如，针对老年人设计的新媒体，首先要考虑的是他们能否看清，所以字号一定要足够大，这种基础需求如果不能满足，会引起用户极大的不满。

中间的绿色曲线，就是用户明确提出的需求，满足了这些需要，才能让用户对品牌新媒体产生进一步兴趣。比如，在大部分用户的认知中，具有媒体属性的新媒体，应该有一套完整的品牌视觉识别系统，包括标志性的封面、字体、品牌色等。

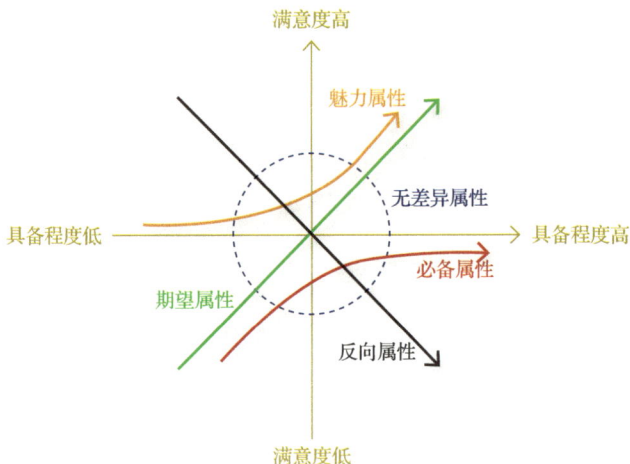

图2-1

最上方的黄色曲线属于兴奋型需求，就是用户本身都不知道自己需要的东西，如果新媒体视觉设计能够满足用户的兴奋型需求，那么用户的满意度就会提升。比如，很多企业号花大价钱请团队打造专属的动态排版，就满足了用户的兴奋型需求。

无差异需求是指有没有都无所谓的这部分需求，不论提供或者不提供，对用户体验无影响。换言之，即使不做，也不会让客户不满意。

反向需求是无差异需求的升级版本，无差异需求是做不做都没有影响，反向需求恰恰是做了就会产生负面影响。

我们以基础需求为原点，向正面挖掘，以期望需求或者兴奋需求为目标来要求自己，并且尽量规避反向需求（无差异需求的误区）。

2.2 分析竞争对手

竞品分析，顾名思义就是对竞争对手的产品进行分析。因为产品的内容极其相似，所以如果是市场上已有的产品，就可以分析相似的设计、相似的产品。这里的竞品分析指的是视觉上的竞品分析。竞品分析会使设计方向更有理论依据、不偏不倚。

在获取竞品的时候，可以利用更多榜单中的新媒体（包括微信、微博、今日头条等各大主流新媒体平台）排行榜，查看本行业排名靠前的新媒体品牌如何进行视觉设计（见图2-2），然后可以在设计理念、色彩、插图、字体、有无动态效果等不同维度寻找差异化。

图2-2

2.3 确定设计风格

设计风格是设计师在构思过程中所确立的主导思想，它赋予了设计内涵和风格特点。合适的设计风格至关重要，它不但是设计的精髓所在，而且能使作品具有个性化、专业化和与众不同的效果。

艺术家Marco Marilungo用漫画的形式将人类艺术史上最主要的16种风格生动形象地展现了出来（见图2-3）。

这16种风格中的一部分在新媒体视觉设计中应用非常广泛，如现实主义、印象主义、立体主义、波普艺术、极简艺术等，而另一些因为过于抽象，在新媒体视觉设计中相对少见，如抽象主义、非正式艺术、观念主义等。

随着新技术的诞生和社会文化的发展，新媒体视觉设计实践中还诞生了一些全新的设计风格，如蒸汽波艺术、三维渲染艺术等。

| 现实主义
REALISMO | 印象主义
IMPRESSIONISMO | 野兽派
FAUVES | 新艺术运动
ART NOUVEAU |

"uccisore di mosche"

"homicide des mouches à la gare de saint Marie-sur-la-Seine un-dimanche-matin-de-printemps"

"figura che uccide mosca"

"incanto floreale con allegra moschettina"

| 表现主义
ESPRESSIONISMO | 立体主义
CUBISMO | 未来主义
FUTURISMO | 抽象主义
ASTRATTISMO |

"io e la mia mosca"

"ritratto di mosca e di uomo con scacciamosche in mano"

"dinamismo di mosca braccata"

"studio per caccia alla mosca"

| 达达主义
DADAISMO | 至上主义
SUPREMATISMO | 形而上主义
METAFISICA | 超现实主义
SURREALISMO |

"gazze-ra"

"insinua l'ometto la mosca rossa"

"mosca inquietante"

"paesaggio con mosca e tavolo in fiamme"

| 非正式艺术
INFORMALE | 波普艺术
POP-ART | 极简主义
MINIMALISMO | 观念主义
CONCETTUALE |

"nero brillante e mosca"

"okay..."

"man and fly"

"arma per insetti, mosca, braccio, omino, tavolo, pavimento, scarpe"

图2-3

≫ 2.3.1 现实主义

现实主义关注还原现实，一般具有极强的逼真程度，所以也可以称之为写实风格。写实风格关注细节，非常重视细节的还原程度，如锤子手机的UI设计（见图2-4）采用的就是写实风格，非常精美。

图2-4

为了保持统一的设计理念和严格的美学标准，甚至重新绘制了以扁平化风格为主的第三方应用图标，如图2-5所示（左图为原生图标，右图为重绘的写实风格图标）。

图2-5

>> 2.3.2　极简主义

20世纪60年代，在包豪斯运动的影响下，极简主义开始出现。现在，极简主义已成为当今主流的艺术风格之一。极简主义风格以简单到极致为追求，感官上简约整洁，品位和思想上更为优雅。极简主义的关键词是理性、简洁、干净。极简主义设计的风格包括摒弃复杂，只使用基本元素，大量留白，色彩、字体都很简单。

无印良品和苹果手机的设计是极简艺术风格的典型代表，如图2-6、图2-7所示。

图2-6

图2-7

化妆品牌HomeFacialPro的公众号也非常好地诠释了极简主义的设计风格，与品牌简单、有效的定位非常契合，如图2-8所示。

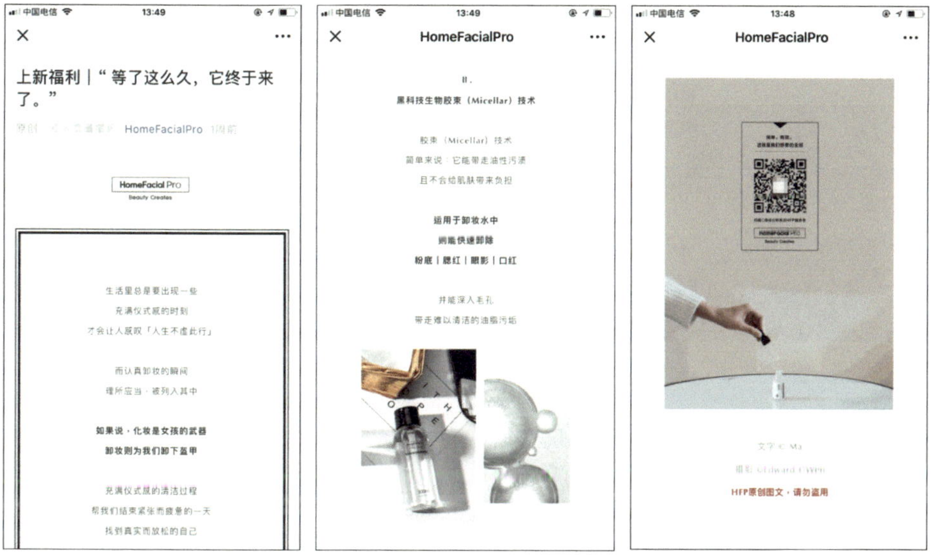

图2-8

旅行类公众号"24HOURS"、营销类公众号"休克文案"、情感类公众号"我要WhatYouNeed"等都是采用极简风格的设计。

2.3.3 印象主义

大多数人接触到"像素化"图像应该要追溯到玩小霸王游戏机的年代了。其实如果把"像素化"放在艺术领域去讲，最早可以追溯到19世纪80年代的点彩派。点彩派不用轮廓线划分形象，而用点状的小笔触，通过合乎科学的光色规律的并置，让无数小色点在观者视觉中混合，从而构成色点组成的形象，如图2-9所示。之后的艺术家用计算机绘制类似的图像，被称为印象主义，又可称为像素艺术。

像素化在现在看来有一种复古的感觉，同时又有着二次元的独特魅力，所以很多品牌都会用像素艺术来设计产品，让人们有种游走在现实和二次元中的感觉，如图2-10所示。特别是现在的年轻人，他们很喜欢以像素化的风格来追忆童年。

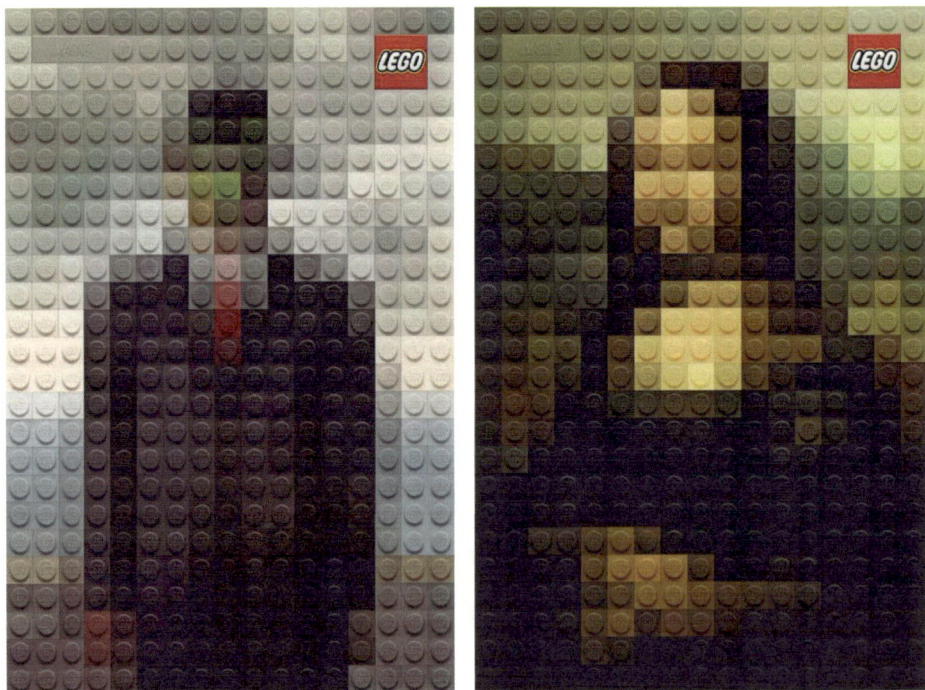

图2-9

图2-10

》》 2.3.4 波普艺术

波普艺术在20世纪50年代中期诞生于英国，它反对一切虚无主义思想，通过塑造夸张的、视觉感强的、比现实生活更典型的形象来表达一种实实在在的写实主义。

和孟菲斯风格的起源类似,都是因为青年艺术家对于风格单调、冷漠、抽象的现代主义感到厌倦、反感,渴望有新的设计风格来表现自我,于是在英国青年设计家中出现了波普设计运动。波普艺术和孟菲斯有很多的相似性,如注重形式主义、色彩饱和度高且颜色丰富、主要的表现形式是图形等。

波普艺术主要体现在大众喜闻乐见的人物、事物、事件中。简单来说,它有以下几个特点:设计中强调新奇和独特,采用强烈的色彩处理,个性化的配色风格;常常带有娱乐、趣味性、诙谐性;难以确定统一的风格,追求各种风格的混合,追求新奇、古怪;设计元素通俗大众,一般来自日常生活中的人物、事物;善于使用拼接。

情感大号"我走路带风"采用的就是波普风格的设计,非常有趣,如图2-11所示。

图2-11

》2.3.5 孟菲斯艺术

孟菲斯艺术风格最早形成于1981年,是由一群意大利籍家具设计师探索出来的一种装饰艺术的设计风格。他们反对单调冷峻的现代主义,提倡装饰,强调手工艺方法制作的产品,并积极从波普艺术、东方艺术、非洲和拉丁美洲的传统艺术中寻求灵感。

孟菲斯艺术风格在色彩上常常打破配色规律,喜欢用一些靓丽、纯度高、大胆、对比强烈的配色。在排版上,元素之间没有过多的联系,但是要做到"形散神不散",构图上一定要保持平衡。

孟菲斯艺术风格另一个很明显的特点就是运用大量的几何元素。规则的几何图形有圆形、三角形、矩形、圆环、波浪线、网格、斜杠等，不规则的几何图形也是由点、线、面拼贴而成的。

知乎、有道翻译官等知名互联网企业在广告中都尝试过孟菲斯艺术风格，如图2-12所示。

图2-12

>> 2.3.6 故障艺术

故障艺术的流行和进入学术讨论大概是在2010年以后，是指利用事物形成的故障进行艺术加工，使这种故障缺陷反而成为一种艺术品，具有特殊的美感。故障艺术最常见的就是电视机、计算机出现问题后产生的破碎、有缺陷、颜色失真的图像，如图2-13所示。

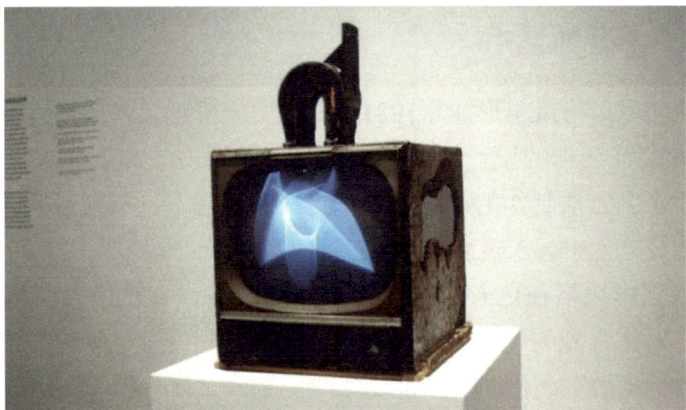

图2-13

故障艺术在国内的走红主要归功于抖音（见图2-14）。抖音爆红后，许多设计师开始关注并模仿这种风格，导致故障风格的设计泛滥。

图2-14

电影《攻壳机动队》的电影海报采用的也是故障风格的设计，如图2-15所示。

图2-15

故障艺术的制作非常简单，使用PhotoMosh等一键生成故障艺术的工具，直接把图片拖曳进工具即可，如图2-16所示。

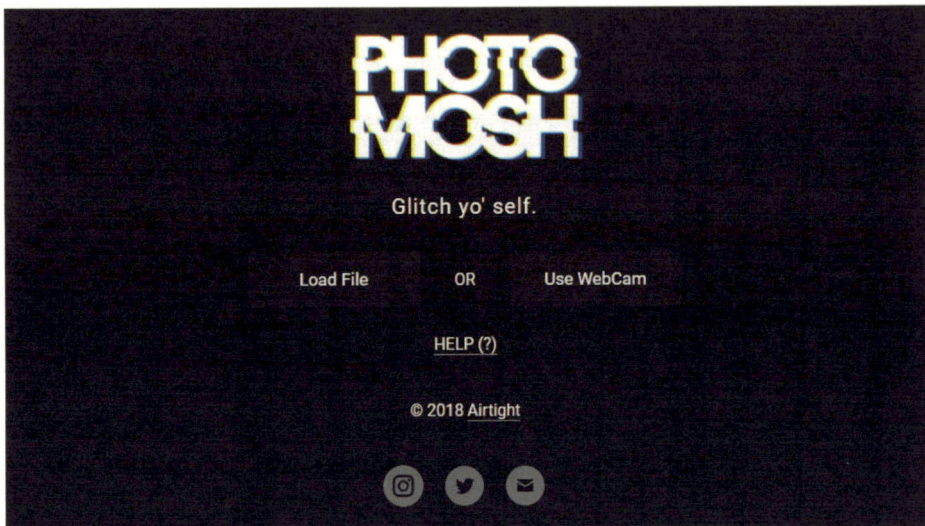

图2-16

》》 2.3.7　插画风格

　　插画风格在设计领域的应用非常广泛，包括扁平插画、手绘插画、MBE插画（由法国设计师MBE于2015年年底在Dribbble网站上发布而走红，如图2-17所示）、立体插画等多种不同的表现形式。

　　许多公众号的视觉设计都采用了插画风格，特别是主打年轻人和女性群体的公众号。例如，公众号行动派采用了扁平化插画风格（见图2-18）。

图2-17

你不敢做的事情，总有人正在做

「懂了」到底是get it 还是got it？瞬间
暴露你的英语水平！

XXX：回家之前，先给自己两巴掌

我们准备了一场尽可能实操的大课，
为你系统归纳运营增长！

那些会做选择题的人，升挂的人生我
永远追不上

日常用品可爱系对话！！太可爱了哈
哈哈哈哈

图2-18

UC校园、姜汁满头等采用了手绘插画风格，如图2-19所示。

一跑起来，就总有好事发生

你有没有发现，坏事只要发生一件，简直跟止不住似的
排着队发生？

一家中国人

如此一来，咱们一家都是中国人，这可是皆大欢喜呀

图2-19

>> 2.3.8 赛博朋克风格

赛博朋克是科幻小说的一个分支，有着强烈的反乌托邦和悲观主义色彩。

赛博朋克风格以蓝、紫、青等冷色调为主色调，霓虹灯光感效果和故障艺术风格为辅助（图像的失真、错位、破碎等），有时还可以加入一些异常的现象（如180°翻转的建筑），还可复古风和未来风并存。常见的元素有数字空间、虚拟现实、人工智能、控制论与计算机生化、大型企业、基因工程，如图2-20所示。

图2-20

》 2.3.9 蒸汽波艺术

蒸汽波风格兴起于2010年初期，是一种受赛博朋克风格影响的网络线上艺术，主要采用拼接的方式制作，用于拼接的元素主要来自20世纪八九十年代流行文化的产物。例如，Windows 95的界面、老版的IE浏览器、石膏雕塑等，如图2-21所示。

图2-21

蒸汽波风格一方面充满了怀旧、少女心和浪漫的情怀，另一方面又承载了赛博朋克精神，即人们对于科技的恐惧，表达对后工业时代的科技、新时代的流行音乐和流行文化的讽刺。

人人车在春节前夕推出了一支 H5（见图2-22），故事的内容可以归纳为一个青年在春节期间被亲戚盘问，最终选择尬舞（一种技巧型街舞）唱歌让亲戚别担心。除了故事内容外，H5 的风格比较特殊，一开始的亲戚对峙采用了故障艺术风格的游戏交互，后面的 MV 则充满粗颗粒、复古科技的热闹。

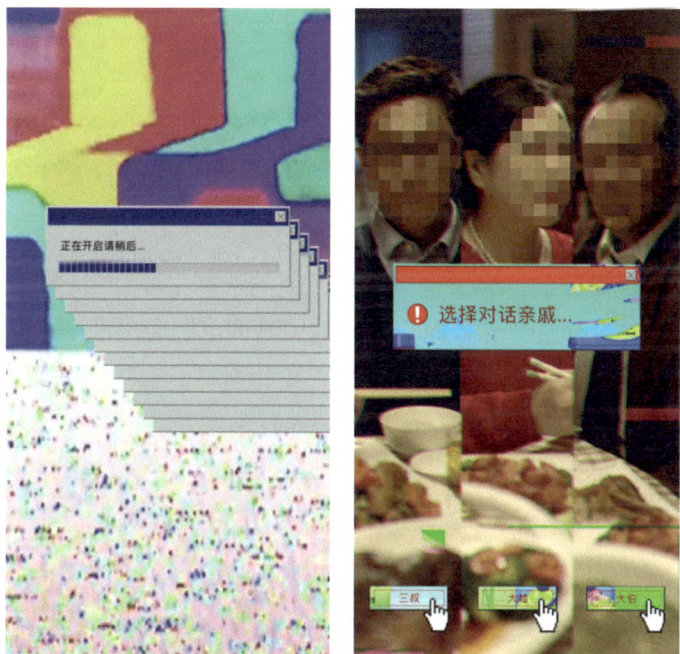

图2-22

H5整体采用赛博朋克式蒸汽波艺术风格，超现实的画面风格对撞现实的春节亲戚，形成了一种夺人眼球的对撞感。H5 开头用故障艺术的动效、计算机软件对话框与第一视角镜头，做足虚拟现实结合的游戏感氛围。MV部分男主搭配音乐唱跳，背景拼贴复古的霓虹、游戏像素、迷幻万花筒、粗颗粒画质视频。短短一分多钟，唱了整整 20 个"别担心"，还搭配了极其"洗脑"的推掌动作与鼓点节奏。

许多公众号在封面设计中尝试过这种风格，但大多是浅尝辄止，作为主打风格的较少。

2.4 完成设计草案

设计草案时，可以运用情绪板方法（见图2-23）。它诞生于20世纪的非信息时代，参与者被要求从日常的报纸杂志中挑选出符合某种心情意境的图片，剪下来粘贴在一起。现在的设计中也会运用这类方法。

图2-23

首先，确定设计的情感关键词。关键词的选择主要和目标用户和品牌定位有关，例如，受众是年轻人时，设计的关键词可能会出现个性、时尚等。

然后，根据关键词去图库寻找模仿对象和素材，模仿对象可以是设计精美的网站、杂志或其他公众号，素材可以是任何图片。

最后，对汇总在情绪板的素材进行归纳总结，选择合适的字体、色彩、风格等，形成设计草案。

要点回顾

• 分析用户需求，可以明确设计方向；分析竞争对手，可以取长补短，避免同质化。在此基础上，确定符合目标用户需求，但不与竞争对手重复的设计理念，然后利用情绪板工具完成设计草案。

• 在明确用户需求时，可以借助KANO模型。KANO模型是东京理工大学教授狩野纪昭（Noriaki Kano）发明的对用户需求分类和优先排序的有用工具，以分析用户需求对用户满意的影响为基础，体现了产品性能和用户满意之间的非线性关系。

- 在获取竞品的时候，可以利用新榜中的新媒体（包括微信、微博、今日头条等各大主流新媒体平台）排行榜，查看本行业排名靠前的新媒体品牌如何进行视觉设计，然后可以在设计理念、色彩、插图、字体、有无动态效果等不同维度寻找差异化。

- 设计风格是设计师在构思过程中所确立的主导思想，它赋予了设计内涵和风格特点。合适的设计风格至关重要，它不但是设计的精髓所在，而且能使作品具有个性化、专业化和与众不同的效果。

- 设计草案时，可以运用情绪板方法。它诞生于20世纪的非信息时代，参与者被要求从日常的报纸杂志中挑选出符合某种心情意境的图片，剪下来粘贴在一起。现在的设计中也会运用这类方法。

设计实践

1. 借助 KANO 模型分析老年新媒体用户的需求。
2. 分别收集一个写实主义和极简主义风格的典型微信公众号设计案例，并分析亮点。

第3章

新媒体视觉设计基本原则

　　新媒体视觉设计要遵循设计的基本原则，包括统一、秩序、对比、平衡四大基本原则。让人感觉舒服，并有吸引力的新媒体视觉设计，一定是同时遵循以上原则的。

3.1 统一

》 3.1.1 统一原则概述

统一是指版面中所有部分——特别是每个与设计中其他部分相关的独立元素——全面的凝聚和结合。

统一的好处有两个。

➤ 一是保持视觉上的协调融洽。当标题、正文、图片和页面上的其他设计细节融为一体、协调统一，至少互相之间保持融洽和协调时，给人的视觉感受会非常舒服。

➤ 二是品牌识别。为了让用户更快、更好地识别自己，同时也更形象地展现品牌形象，许多品牌都会花费大量的资金和精力，打造自己的视觉识别系统（Visual Identity，VI）。新媒体品牌同样也应该具有视觉识别系统。

视觉识别系统一般分为基础系统及应用系统两大体系。基础系统包括品牌标志（俗称Logo）、标准字、标准色彩及组合方式等；应用系统是各基本要素规范的延伸使用，包括办公事务用品、公关事务用品、广告、环境识别、服饰、交通工具等。在各项实际应用中，除了考虑形象美观因素外，还应考虑到功能性及经济实用性。

在传统品牌和新媒体品牌的视觉识别系统中，基础系统的差别不大，主要都是品牌标志、标准字和标准色，其中又以品牌标志最为重要。

统一就是以品牌标志为中心，统一新媒体视觉设计元素的颜色、字体、风格等。也就是说，标志是什么风格、什么颜色、什么字体，其他地方也应该保持一致，这样最后给用户的感觉才会是协调、统一的。

》 3.1.2 统一原则的实现

1. 设计品牌标志

践行统一原则的第一步是设计品牌标志。

标志是表明事物特征的符号，是对事物、事件、抽象的精神等加以高度概括、凝练和总结，以精练的形象向人们表达一定的含义，形成能够传情达意的图形或文字符号。设计是方寸之间的艺术，它面积虽小，却具备丰富的内涵，凝聚着事物的主要特征。标志设计的基本原则是易于识别、便于记忆。

标志可以分为具象图形、抽象图形和文字图形3类。

（1）具象图形一般来源于生活，真实可信，易于记忆，如人物、动物、植物、自然风景等。京东和吉利汽车的Logo就属于具象图形类，如图3-1、图3-2所示。

图3-1

图3-2

微信公众号"京东文化"，曾在京东吉祥物 JOY 诞生三周年当天解释过京东选择狗作为吉祥物形象的原因，称"在京东吉祥物设计之初，在吉祥物甄选阶段，以狗为原型的设计想法在京东内部一致通过"，小狗"有着忠诚、友好的美好寓意，与京东希望传达的理念一致"，而"JOY"的名字有带给人喜悦欢乐的意思，寓意京东为用户带来快乐体验。

吉利标识的整体形态给人安全感和信赖感，蕴含着吉利自创始至今所承载的"安全呵护与稳健发展的"品牌特征，标识内由6块宝石组成，蓝色宝石代表蔚蓝的天空，黑色宝石寓意广阔的大地，双色宝石的组合象征吉利汽车驰骋天地之间，走遍世界的每个角落。吉利以崭新的技术支撑、产品品质和品牌形象打造一个不断进取、充满激情的新吉利。

（2）抽象图形主要由点、线、面和几何图形构成，相对于具象图形来说，更加抽象、更加具体。例如，360公司的品牌Logo就属于抽象图形类，如图3-3所示。

图3-3

360公司标志以圆为核心元素，通过饱满立体的造型传达360公司全面、周到、圆满的品牌诉求。标志上下两部分的弧形，分别代表企业和用户，体现了360公司与用户之间相互沟通、相生相融的紧密关系；"+"直指360公司互联网安全专家的身份，表现了360公司为用户构筑安全、可靠的虚拟网络生活环境的决心。

（3）文字图形以文字作为表现的主要对象加以设计。例如，新浪网的Logo就属于文字图形类，如图3-4所示。

图3-4

新浪网标志中的"大眼睛"，眼神闪动活跃，对世界充满了好奇和渴望，象征着网友可以通过新浪网平台，更好地了解世界、洞察万象。除此之外，顶着大眼睛的"i"在新的标识中形似一个话筒，暗喻新浪网将为网友提供一个放大自身影响力的平台，网友可以通过这个平台更好地与世界互动。标志组合中"一切由你开始"的口号更加显著，特别是"你"的着力突出，流露出新浪网对网友的恳切邀约与由衷尊重。

2. 将Logo中的颜色、字体、图形、风格推广到应用系统

践行统一原则的第二步是将Logo中的颜色、字体、图形、风格推广到应用系统。需要注意的是，在传统媒体品牌和新媒体品牌的视觉识别系统中，应用系统的差别比较大。

传统媒体品牌视觉识别系统主要应用场景是线下（除了部分互联网品牌，应用场景既包括线上也包括线下），如物流车、购物袋、服装等，如图3-5所示。

图3-5

新媒体品牌视觉识别系统的主要应用场景是线上，基础系统有Logo、标准字、标准色彩等，应用系统主要有封面、品牌标语、标题、二维码、海报、作者简介等。

例如，分享年轻人生活方式的公众号"未来预想图"的Logo属于文字图形类，冷色调，自定义字体，如图3-6所示。

图3-6

　　然后，以此为中心，打造一套成熟的视觉识别系统，包括品牌标语（见图3-7）、标题（见图3-8）、二维码（见图3-9）。

图3-7

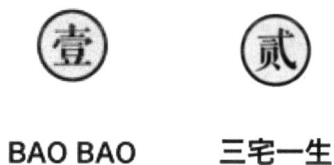

图3-8

图3-9

分开看可能还不明显，看整体效果会更清晰，如图3-10所示。

图3-10

除了"未来预想图"外，还有一些非常成功的案例。例如，关注生活美学的公众号"Voicer"，Logo属于抽象图形类，配色丰富，扁平化风格，如图3-11所示。

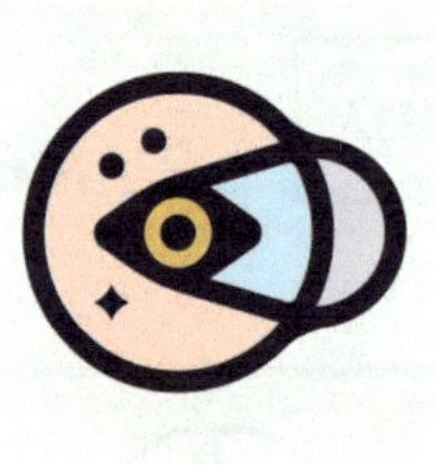

图3-11

以此为中心，打造的视觉识别系统也很好地诠释了统一原则，如图3-12所示。

图3-12

再如，幽默时事类公众号"王左中右"，其Logo属于手绘型具象图像，采用暗沉的深蓝色调，如图3-13所示。

图3-13

不过，虽然是具象人物，但人物的鼻子是按照小丑的造型设计的，这就使得Logo人物在一定程度上脱离了现实，具有了一定的抽象意味。以此为中心的视觉识别系统都是手绘型暗沉色调，如图3-14所示。

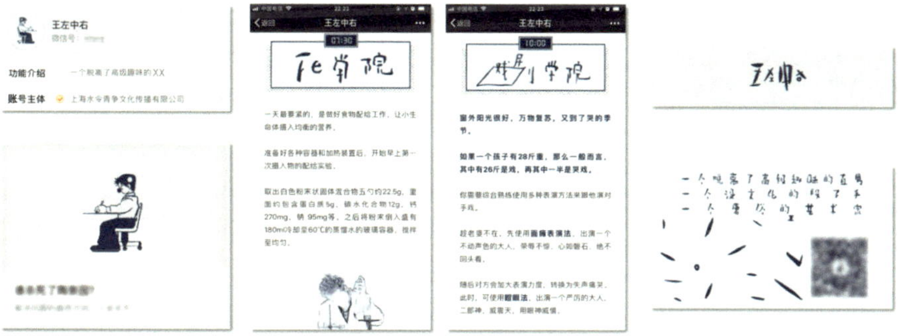

图3-14

此外，"王左中右"的部分封面、标题和插图均采用了抽象图像型，具体来说就是把文字进行抽象化变形，使之更具有寓意，这点与封面图的象征式变形非常相似，如图3-15所示。

图3-15

旅行类公众号"24HOURS"的Logo是由文字和抽象图片组合而成的极简风格,文尾的二维码区域内容、颜色都过于丰富,和其他部分存在一定冲突,如果进行简化,会更符合统一的设计原则,如图3-16所示。

图3-16

要点回顾

- 统一就是以品牌标志为中心,统一新媒体视觉设计元素的颜色、字体、风格等。
- 践行统一原则的第一步是设计品牌标志。
- 践行统一原则的第二步是将Logo中的颜色、字体、图形、风格推广到封面、品牌标语、标题、二维码、海报、作者简介等应用系统。

设计实践

找出"销售与管理"官方公众号的视觉设计中(见图3-17)不符合统一原则的地方,并进行改进。

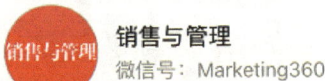

销售与管理
微信号:Marketing360

销售与管理品牌Logo

图3-17

给小米的利润泼上一瓶卸妆油

洞察

案例

观点

脾气越好的人，人生越易陷入被动

推送封面

销售与管理

中国销售、营销、管理类新媒体！
由16年历史的中国营销刊《销售与管理》演进而来，200万精英销售关注的中国营销自媒体平台，深度关注企业销售、营销、管理的趋势与创新，品牌案例中心、专业培训中心还提供一站式深度服务。
投稿、寻求报道、商务合作，请联系QQ：

2018年，营销人必须人手一本

现在订阅，只要6折

文末介绍

2018-05-05 桌子 销售与管理

解决销售难题，传播管理智慧 快来关注我吧！

| 销售 | 职场 | 观点 | 案例 | 洞察 |

引导关注

01

02

项目符号

图3-17（续）

3.2 秩序

当我们办某件事需要排队时，我们很乐意看到一个井然有序的队伍，最好还能设置相应的屏障，防止他人插队和排错队。这样，我们很容易判断队伍的行进方向，进入队伍，高效地办好事情，如图3-18所示。

和对现实世界的感受一样，在平面设计中，我们也喜欢井然有序的排列。没有人会强忍着性子，耐心地在混乱中发现秩序。当人们发现场面陷入混乱时，大部分情况下会选择迅速离开。所以，为了维持版面中的秩序，我们可以利用视觉心理学对读者视线进行适当的引导和阻止。

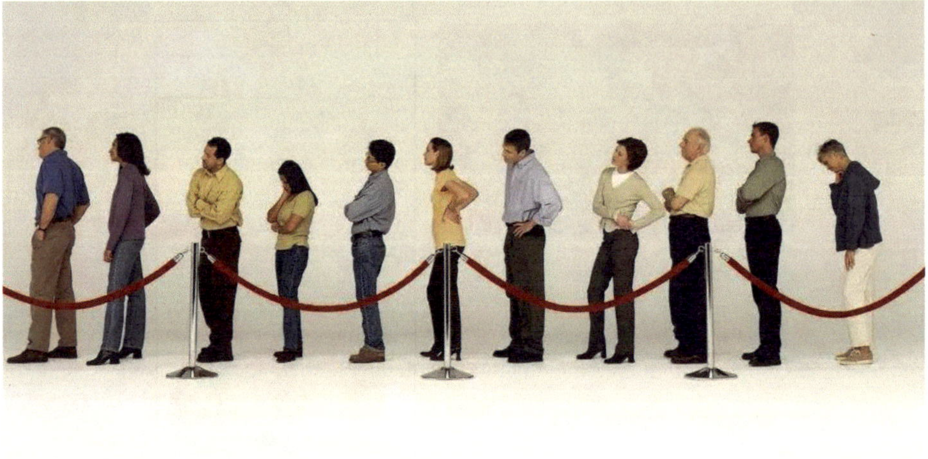

图3-18

》 3.2.1 引导视线

1. 从左到右移动

从左到右移动视线是我们在纸媒时代保留下来的习惯，在很长的一段时期内，我们还会保留这个习惯。新媒体主要用于移动端的展示，横向空间有限，没有很大的发挥空间，但使用秀米编辑器实现首字下沉（见图3-19），可以使用户在从左到右移动视线时更容易找到起点。

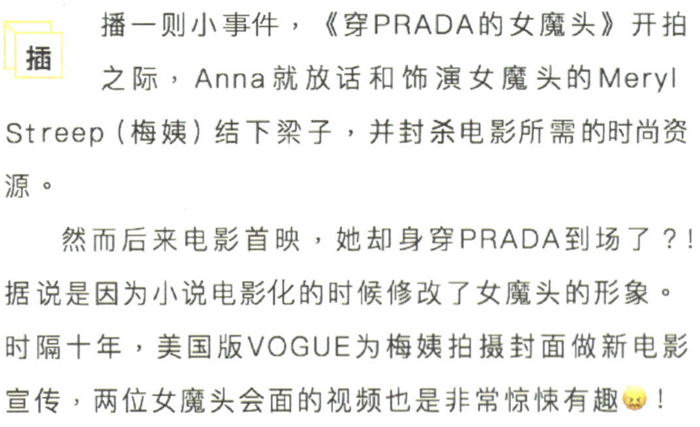

插　播一则小事件，《穿PRADA的女魔头》开拍之际，Anna就放话和饰演女魔头的Meryl Streep（梅姨）结下梁子，并封杀电影所需的时尚资源。

然而后来电影首映，她却身穿PRADA到场了？！据说是因为小说电影化的时候修改了女魔头的形象。时隔十年，美国版VOGUE为梅姨拍摄封面做新电影宣传，两位女魔头会面的视频也是非常惊悚有趣😥！

图3-19

2. 从上到下移动

大多数媒体都是以自上而下的视觉引导为基础来进行版式设计的。新媒体尤其明显，因为新媒体以手机端展示为主，从左到右的移动空间受限，但从上到下的移动空间不受限制，发挥空间很大。例如，微信公众号"局部气候调查组"以长图为主要展示形式（见图3-20），无论是图片还是文字，都遵循从上到下移动的秩序，因为是完整、连续的长图，所以读者在从上到下移动视线时非常顺畅，不会被打断，可以获得非常好的阅读体验。

图3-20

3. 从大到小移动

大的物体会比小的物体拥有更大的视觉比重，所以读者的视线大部分情况下是从大到小移动的，我们应该将重要的信息尽量放大。例如，通常情况下，我们会把标题放大，把重要的图片放大，都是遵循了视线从大到小移动的规律，如图3-21所示。

图3-21

4. 向相似物体移动

人们的目光习惯向相同形状或颜色的物体移动。实现这种移动最常见的方法就是使用统一的项目符号。图3-22所示的项目符号，你看完一项，就会自然地跳转到下一项。

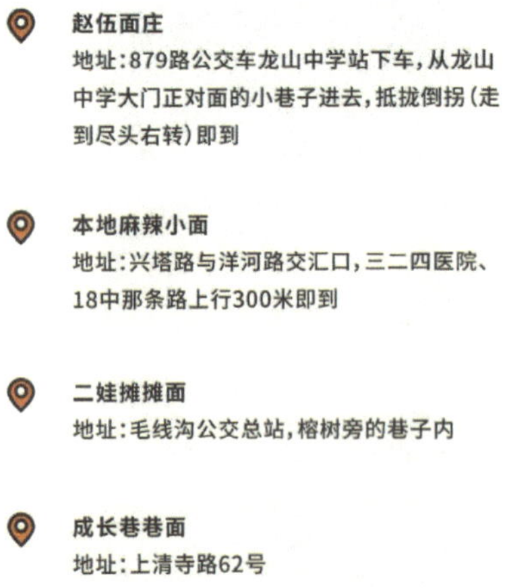

图3-22

5. 向箭头方向移动

文字是从象形文字逐步演变而来的，但在多年的演变过程中，箭头的形状却从未改变。箭头的出现，是因为古希腊毕达哥拉斯学派和柏拉图认为眼睛在捕捉物体时，视线、目光和力量会以物体为目标从眼睛向物体方向传送（见图3-23）。把这一想法用图形来表示时，箭头就诞生了。

图3-23

>> 3.2.2 阻止视线

为了保持版面的秩序，并不能只引导视线，有时候也需要阻挡视线，使视线返回。这就好比在排队的时候，需要设置一些障碍物来引导队伍保持秩序一样。

不管什么样的设计，都会适当地留白，不过留白过多会导致读者目光游离出画面，使得信息传递不完整，这时需要用到"压角"，阻止读者视线外移。用什么做"压角"都是可以的，一般比较常见的是用Logo作为"压角"。在图3-24中，右下角的Logo和蓝色横线可使视线更好地聚焦在画面主体上。

在图3-25中，左上角的一条细长文字也起到了"压角"的作用，使视线更好地聚焦

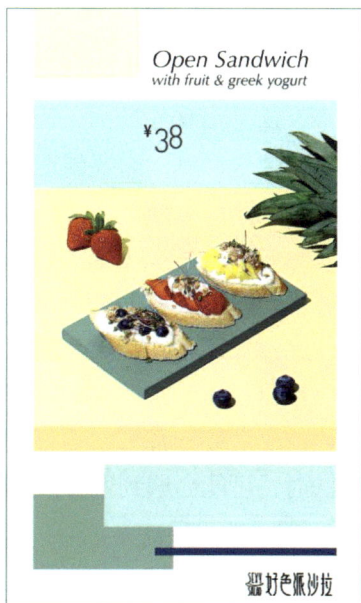

图3-24

在画面主体上，完整阅读信息。

图3-25

3.2.3 创造"视线流"

版面设计最理想的效果，就是可以让读者将版面全部内容读完。通常情况下，这是很难实现的，因为读者的注意力很难集中，常常会跳跃式阅读。为了避免这一点，需要创造合理的"视线流"，引导读者循序渐进地阅读。

视线流包括静态和动态两种。掌握了前面提到的引导视线和阻止视线的方法，我们就可以创建流畅、完整的静态"视线流"，但更好的办法是创建动态移动的视线流。

这就好比你到了一个陌生的地方，有两种抵达目的地的方法：一种是沿着路标自己找过去（静态视线流），另一种是当地向导直接带你过去（动态视线流）。哪一种方法更好呢？显然是第二种方法更省时省力。使用第一种方法时，可能会遇到很多困难，任何一个困难都有可能导致你放弃。

1. 静态视线流

静态视线流包括线型视线流、曲线视线流、焦点视线流、反复视线流、导向视线流等。

（1）线型视线流非常常见，包括纵向、横向和斜向3种类型。前面提到的公众号"局部气候调查组"中的长图就属于纵向线型视线流。类似的长图，做成横向，旋转屏幕观看，就属于横向线型视线流，如图3-26所示。斜向线型视线流动感很强，极具张力，如图3-27所示。

图3-26

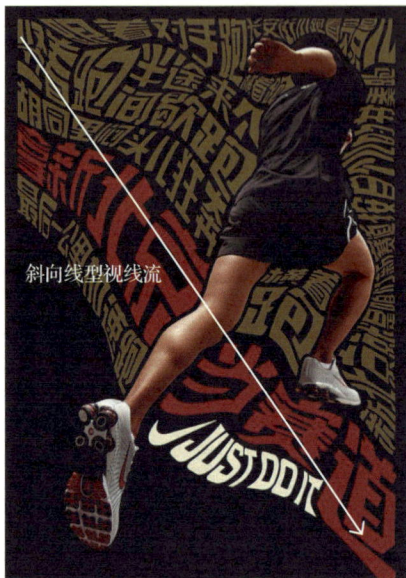

斜向线型视线流

图3-27

（2）曲线视线流与线型视线流相比更具流畅的美感，如图3-28所示。

图3-28

（3）焦点视线流的视觉流动是从焦点往外部扩散，可以很好地突出重点，如图3-29所示。

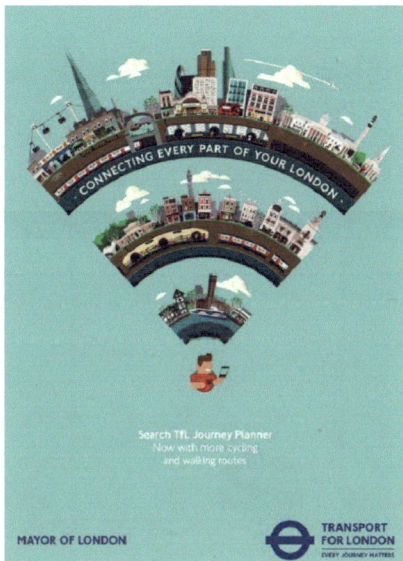

图3-29

（4）反复视线流是指相似元素反复出现，是当下很流行的一种视线流，如图3-30所示。

（5）导向视线流即通过箭头、人的目光、物体运动的方向等来引导读者视线，如图3-31所示。

图3-30

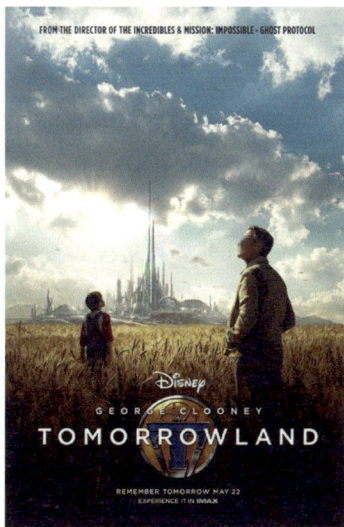

图3-31

2. 动态视线流

动态视线流是指利用移动的物体引导读者视线，一般是动图形式。比较经典的应用是苹果官方公众号的推文《你不知道的Apple》，其中使用了移动的叶子引导视线，如图3-32所示。

图3-32

需要注意的是，不管采用哪一种视线流，都一定要简单。多重视线流交织在一起会导致混乱，增加读者的阅读难度。

要点回顾

● 为了维持版面中的秩序，我们可以利用视觉心理学，对读者视线进行适当的引导和阻止。

● 引导视线的方式包括从左到右、从上到下、从大到小、向相似物体或箭头方向移动。为了保持版面的秩序，并不能只引导视线，有时候也需要添加压角，阻挡视线，使视线返回。

● 视线流包括静态和动态两种。掌握了引导视线和阻止视线的方法，我们就可以创建流畅、完整的静态视线流，但更好的办法是创建动态移动的视线流。

● 静态视线流包括线型视线流、曲线视线流、焦点视线流、反复视线流、导向视线流等。动态视线流是指利用移动的物体引导读者视线，一般是动图形式。

设计实践

1. 分别收集一个线型视线流、曲线视线流、焦点视线流、反复视线流、导向视线流的设计实例，并分析效果。

2. 收集一个动态视线流的案例，并分析效果。

3.3 对比

对比的目的主要有以下两个。

（1）打破统一的版面设计，增强视觉效果。例如，差不多的两个拳头放在一起时，画面很平淡，因为只存在方向的对比，如图3-33所示。但如果是一个老人的拳头和一个孩子的拳头出现在同一画面，视觉效果就会强烈很多，因为同时存在方向、大小、糙嫩3种类型的对比，如图3-34所示。

图3-33   图3-34

（2）组织信息逻辑。完全统一的版面无法有效阅读，只有通过对比，读者才能对信息逻辑一目了然。对比越强烈，信息逻辑就越清晰。对比的方式主要有方向对比、形状对比、色彩对比、字体对比和图文对比。

》 3.3.1 方向对比

排版布局时，可以采用不同的方向进行对比。图3-35所示的纵向文字和横向文字就形成了鲜明的对比。

图3-35

这种方向的对比不仅存在于文字和文字之间，还可以运用于图像和文字之间。例如，在图3-36所示的海报中，图像主体中的地平线是水平的、横向的，文字部分是垂直的、纵向的，方向的对比非常鲜明。

图3-36

公众号"HomeFacialPro"的排版中也采用了方向对比方式，标题部分采用纵向布局，正文部分横向排列，整体视觉效果非常灵动，如图3-37所示。

图3-37

▶▶ 3.3.2　形状对比

1.　大和小

同时放置两张或两张以上的图片时，常规的方式是将两张图设置成同样的尺寸和比例（见图3-38）。

这样的设置很容易显得单调、乏味，更好的办法是加入尺寸的对比。例

如，将图3-38中的一个对象缩小，在尺寸上和另一个对象形成对比，改成图
3-39所示的效果，整体效果会更生动、活泼。

图3-38

图3-39

2. 几何和有机

大部分形状可以分为几何形状和有机形状两大类。几何形状主要包括正方形、矩形、三角形、圆形等规则形状（见图3-40左图）。有机形状主要指受自然启发的不规则形状（见图3-40右图）。

图3-40

规则的几何形状可以和不规则的有机形状形成很好的对比。例如，图3-41所示的这张海报就是由规则的外矩形框和不规则的内边框组成的，对比效果非常好。

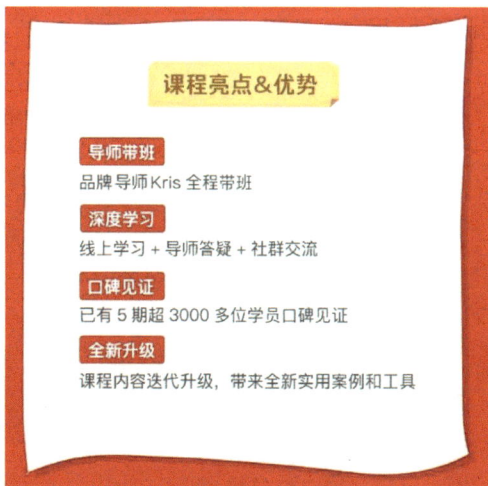

图3-41

》 3.3.3 色彩对比

色彩的对比方案非常丰富，典型的有暖色和冷色的对比、亮色和暗色的对比、互补色对比等。

一般来说，色轮的右上方是暖色，左下方为冷色（见图3-42）。暖色给人的印象是生动、激情、有表现力，给人的感觉是空间的位置靠前，适用于前景色。冷色给人的印象是谨慎、冷静、有平静感，给人的感觉是空间的位置靠后，适用于背景色。

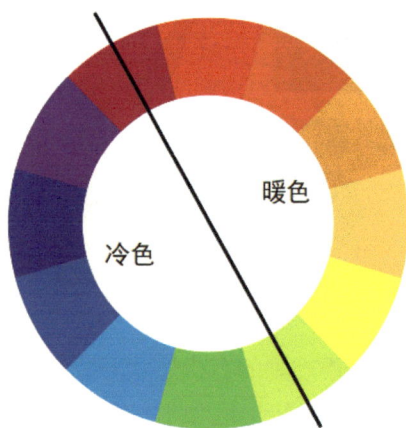

图3-42

因此，当我们把这两种颜色放在一起时，对比效果非常强烈，而且一般把冷色作为背景色、暖色作为前景色。例如，图3-43所示的这张海报就采用了冷暖色彩的对比，冷色（蓝色）作为背景色，暖色（红色）作为前景色。

图3-43

　　明暗的对比非常常见。图3-44所示的就是用暗色作为背景，高亮的HOTEL标志作为前景，对比效果非常鲜明，主题很突出。

图3-44

　　互补色是色轮上相对的两种颜色。互补色对比是色彩对比中最鲜明的组合之一，如红色和绿色（见图3-45）。

图3-45

　　这种对比非常鲜明，画面冲突感很强，故有"红配绿，唱大戏"之说。因为这种搭配存在不稳定性，所以在正式的设计中比较少见。如果想特别引人注目，可以尝试采用。例如，电影《三枪拍案惊奇》就大量采用了互补色的对比，整体视觉效果非常夸张，如图3-46所示。

图3-46

》》 3.3.4 字体对比

字体可以分为衬线体和非衬线体两类。衬线体的笔画开始、结束的地方有额外的装饰，而且笔画的粗细会有所不同，如图3-47左图所示。非衬线体没有额外的装饰，而且笔画的粗细差不多，如图3-47右图所示。

衬线体　　非衬线体
serif　　sans-serif

图3-47

根据经验，最好选择一种衬线体和一种非衬线体来设置对比，因为通常来说，互补的两种元素会产生很好的对比效果。例如，在图3-48所示的Logo中，非衬线体和衬线体及书写体的对比就完美地平衡了整个设计。

图3-48

>> 3.3.5 图文对比

图片和文字的视觉重量是不一致的，一般情况下，遵循图重文轻的原则，将图片和文字放在一起时，可以有效突出图片，将图片作为有效的视觉线索。例如，图3-49所示的箭头符号，在一大片文字中显得非常突出，成为有效的视觉线索。

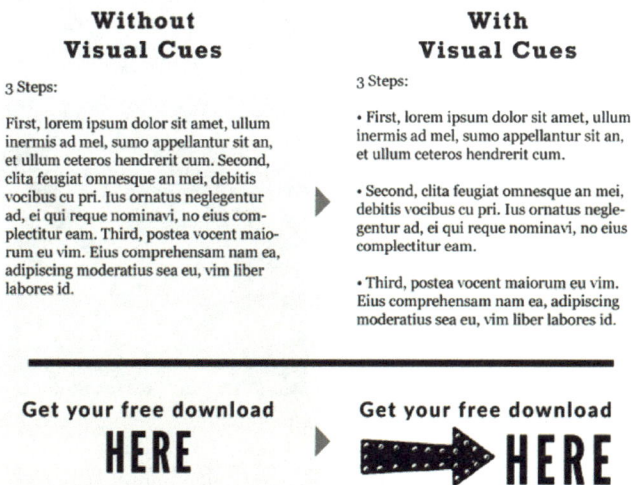

图3-49

要点回顾

- 对比的目的主要有两个：一是打破统一的版面设计，增强视觉效果；二是组织信息逻辑。
- 对比的方式主要有方向对比、形状对比、色彩对比、字体对比和图文对比。

设计实践

分别收集一个方向对比、形状对比、色彩对比、字体对比和图文对比的设计实例，并分析效果。

3.4 平衡

从本质上讲，平衡是指让一条垂直轴两侧的重量保持平衡。我们日常生活中所说的走路、骑车时要保持平衡，和设计中要保持平衡是一个概念，如图3-50所示。

图3-50

比较常见的达到平衡的方式是对称，但用不对称的方式达到平衡会更加有趣、个性化。

▶▶ 3.4.1 对称平衡

对称平衡是一种非常容易实现的对称方式，在建筑设计、摄影设计中非常常见，如图3-51所示。

图3-51

设计者在封面图中叠加文字和图片时，也常常会采用对称平衡方式，如图3-52、图3-53所示。

图3-52

图3-53

当我们说对称的时候，一般是指左右对称。在新媒体设计中，左右对称只需要完全居中或两端对齐就能实现。居中对齐是视觉平衡感较好的一种文字对齐方式，但一般适用于字数较少的情况，如图3-54所示。

图3-54

一般文字较多的时候我们会采用左对齐的方式，很容易忽略两端对齐。现实是，如果我们仅采用左对齐，右边的边线会呈现不规则的锯齿状，如果改成两端对齐，那么左、右边线都会变得平直，对称感会明显增强，如图3-55所示。

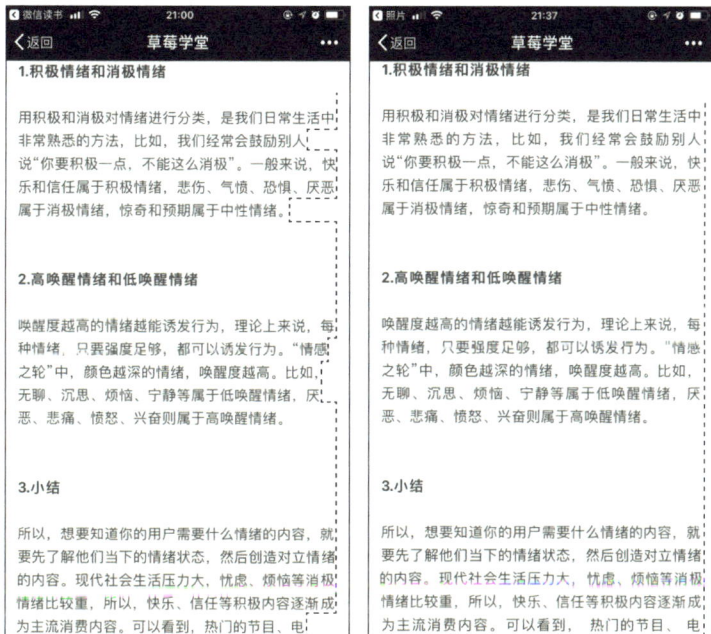

图3-55

3.4.2 非对称平衡

对称平衡给人的感觉是正式、高雅、严谨、精确、有气势，缺点是可能会显得呆板和拘谨。很多时候，可以适当地进行一些调整，打破完全对称的局面。不过，多种对齐方式叠加会涉及非对称平衡（一种更复杂的平衡方式）。想要合理利用，我们就要搞清楚什么是非对称平衡，以及如何达到非对称平衡。

关于对称平衡和非对称平衡的概念，我们可以类比一下跷跷板。为了让跷跷板保持平衡，最简单的方法就是让两个差不多重量的人坐在差不多距离的位置上，也就是对称平衡，如图3-56所示。

图3-56

如果两个人的体重相差很大，最好的办法就是让相对较重的人坐到离跷跷板支点更近的位置，相对较轻的人坐在离跷跷板支点更远的位置，距离支点的差距和他们体重的差距成正比。这就是非对称平衡（见图3-57）。

图3-57

和玩跷跷板的人一样，设计中的每种元素也有自己对应的重量，在视觉设计中被称为视觉比重。视觉比重是一个视觉度量体系，大概有以下几个原则。

1. 大重小轻

占版面面积较大的元素视觉比重较大，占版面面积较小的元素视觉比重较小。例如，图3-58所示的体积较大的灯泡看起来更重。

图3-58

2. 近重远轻

距离较近的元素视觉比重较大，距离较远的元素视觉比重较小。例如，图3-59所示的左侧花盆看起来就比较重，右侧花盆看起来相对较轻。

图3-59

3. 深重浅轻

颜色浓烈、鲜艳的元素视觉比重较大，颜色较浅的元素视觉比重较小。例如，图3-60所示的大红色嘴唇看起来比较重，浅黄色头发看起来相对较轻。

图3-60

4. 图重文轻

图片的视觉比重较大，文字的视觉比重较小。因此在组合图片和文字时需要特别注意，当图片本身结构比较平衡时，就不需要再添加文字了。例如，图3-61所示的公众号"十点读书"的海报，其中的图片是对称结构，构图已经平衡，再在右边添加空白背景的文字反而打破了原有的平衡，显得左重右轻了。

图3-61

如果图片本身不平衡，添加文字就可以帮助整体版面实现平衡。例如，图3-62所示的人物的重心是向右倾斜的，在右边添加文字可以减轻右边的重量，帮助版面实现平衡。

图3-62

通过对前面内容的学习，设计者在排版设计的时候，就可以把一个版面想象成一个跷跷板，版面的中轴线就是跷跷板的支点，而在版面上添加元素就是在跷跷板的两端添加重量。不对称平衡利用上述基础规律，并结合直觉，在版面上合理布局元素，使整体视觉比重达到平衡状态。

对称平衡可以借助设计软件的辅助线完成，而不对称平衡目前还无法借助机器实现。所以，在进行非对称平衡设计时，设计者不仅要熟悉基础规律，还要对元素的视觉比重及布局有精准的直觉。厉害的艺术家、设计大师在掂量各个元素的视觉比重时通常比常人拥有更好的直觉和判断力。

例如，公众号"深夜发媸"把图片元素放在版面左边，把文字放在版面右边，使版面达到平衡（见图3-63）。

图3-63

公众号"HUGO"在图片的左上角放自己的Logo，在右下角放品牌标语，也使得版面更接近平衡状态，如图3-64所示。

图3-64

公众号"我要WhatYouNeed"的正文部分采用左对齐的方式，而在一些图片注释或作者介绍的地方则采用右对齐的方式，不仅使整个版面拥有了更好的平衡感，还打破了单调的局面，使版面显得更加灵动，如图3-65所示。

图3-65

公众号"24HOURS"也在文章中尝试了左对齐和右对齐结合的非对称平衡方式，效果同样很好，如图3-66所示。

图3-66

公众号"十点读书"在制作封面图时也注意了版面的平衡问题：当图片主体靠右时，公众号Logo就放在左边，如图3-67所示；当图片主体靠左时，公众号Logo就放在右边，如图3-68所示。

图3-67

图3-68

不过，当图片比较对称时，公众号的Logo放在靠边的位置就显得不太平衡了，此时在靠左的位置添加文字标题进行平衡，如图3-69所示。

图 3-69

要点回顾

- 我们日常生活中所说的平衡和设计中的平衡是一个概念。
- 保持版面平衡的方式有两种：对称平衡和非对称平衡。
- 对称平衡是一种非常容易实现的对称方式，在新媒体视觉中一般指左右对称。
- 非对称平衡利用视觉比重的基础规律，并结合直觉，在版面上合理布局元素，使整体视觉比重达到平衡状态。

设计实践

1. 分别收集 5 个对称平衡和非对称平衡的设计实例，并分析效果。
2. 在图 3-70 中添加文字"the rolling house"，使版式实现非对称平衡。

图3-70

第4章
新媒体视觉设计基本要素

　　构成新媒体视觉设计的要素大体上分为两类，一类是图片，另一类是文字。所有的东西都是由这两种要素构成的。设计师只要充分了解这两种要素，并熟练地掌握其使用方法和处理方法即可。如果不了解要素，即便能够模仿别人的版式，也无法做出打动人心的设计。除了这两种要素外，还可以另外追加一种——色彩。图片和文字都具有色彩，把色彩单独提出来讲似乎有些多余，但色彩所具有的心理效果确实非常重要，对于设计师来说，掌握配色的技巧非常必要。

4.1 文字

文字是传达信息的最直观的表达方式之一,它是组成页面的基本模块。与文字相关的字体会影响版式的整体效果。可供使用的字体有很多,必须抓住文字自身所具备的形式特征进行挑选。此外,影响文字易读性的字号及影响阅读感受的排字方式等都是设计时需要注意的。

》4.1.1 选择合适的字体

字体的种类是有着某些相同外观特征的字体的集合。字体的历史源远流长,不同的文化背景下,字体的分类方式大相径庭,这里主要讨论中文字体。

1. 字体的分类

字体的分类方式有很多。例如,字体按年代可以分为古体和现代体,按有无衬线可以分为衬线体和无衬线体,按是否适合印刷可以分为印刷体、手写体、新颖体。参考大多数印刷商和设计师对字体的分类,可以把字体分为五大类:古体、衬线体、无衬线体、手写体、新颖体。

(1)古体

著名的现代印刷商左佐制作的"汉字年史"依据年代对汉字的字体进行了详细的区分和统计,如图4-1所示。

图4-1

　　图4-1中年代久远、比较少见、不易辨认的字体都可以认为是中文中的古体，如甲骨文、金文、鸟虫书、战国文字等。因为可读性的问题，品牌很少使用年代久远的古体字，新媒体品牌也不例外。

　　英文古体中最具代表性的是哥特式黑体。哥特式黑体是一种有棱角的、复杂的黑色字体。它具有极强的装饰感，不同文字间的结构差异非常大。在字体种类中，哥特式黑体是最具结构性的，但可读性较弱，如图4-2所示。

图4-2

　　哥特式黑体在西方文化中占有非常重要的地位。公元1150年到17世纪，它曾是风靡欧洲的手写体。直到20世纪，这种字体还被用于书写德语。此外，欧洲中世纪流行的文学、艺术因为和哥特式黑体的流行处于同一时期，所以也深深影响了哥特式黑体的内涵。

　　故事背景设置在19世纪欧洲的漫画《黑执事》，采用的就是哥特式黑体，如图4-3所示。

图4-3

造字工房创始人丁一为迪士尼创作的一套字体也非常接近哥特式黑体，如图4-4所示。

图4-4

（2）衬线体

衬线体又叫罗马体。在西方，印刷术的诞生地在北欧，并从那里传播到南欧和西欧。15世纪晚期和16世纪，威尼斯成为当时印刷术和字体设计的中心。身处南方温暖气候下的人们不喜欢哥特式黑体硬冷、棱角分明的外观，更喜欢线条柔和、简洁的字形，所以在威尼斯和巴黎发展起来的字体（此后是英国和荷兰）形成了更加简练、易读的字体外形，即老式经典罗马体。

罗马人在他们的建筑和纪念碑上刻文字时，常用的工具是刷子和凿子。比较典型的做法是：先用刷子在石碑上描上碑铭，然后由石匠根据描出的线条进行凿刻。画家可以通过旋转刷子、弯曲刷毛描绘出弯曲和连续的线条，由此他们发展出了一系列在宽度上变化多样的开放性字体笔画。为了完善有缺陷的笔画，他们会用刷子的边缘描出笔直、漂亮的线条，或者通过凿刻来修整雕刻得不够均匀的部分。这些经过调整的文字末端形成了字体的衬线，这是罗马体最为鲜明的特征之一。所有的罗马体都有衬线，字体的笔画在宽度上的变化也很丰富，如图4-5所示。

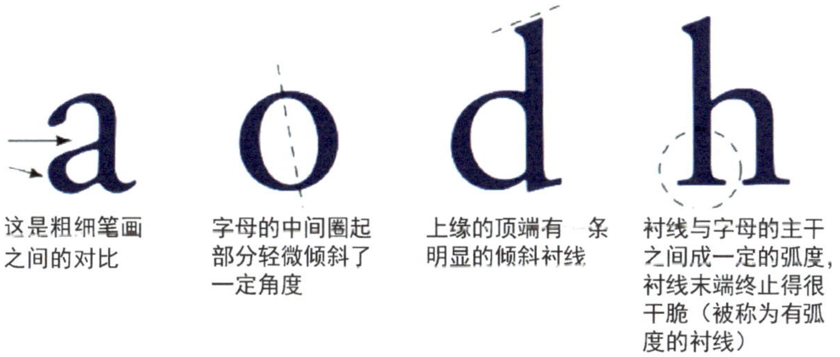

这是粗细笔画
之间的对比

字母的中间圈起
部分轻微倾斜了
一定角度

上缘的顶端有　一条
明显的倾斜衬线

衬线与字母的主干
之间成一定的弧度，
衬线末端终止得很
干脆（被称为有弧
度的衬线）

图4-5

中文字体中的宋体就是典型的衬线体。宋体的使用，最早可以追溯到中文雕版印刷的鼎盛时期——宋朝。由于雕版所使用的木头具有水平纹理，因此横笔画更容易雕刻，而且还能保持得非常细小。相反，竖笔画则难以雕刻，所以就会导致其变粗。同时，由于横笔画的两端容易被磨损，因此人们就为其加上了字脚，让这些地方变得更粗也更耐用。于是，宋体作为一种横笔画水平、竖笔画粗壮、拥有华丽但规范字脚的字体，成为中文衬线体的代表，如图4-6所示。

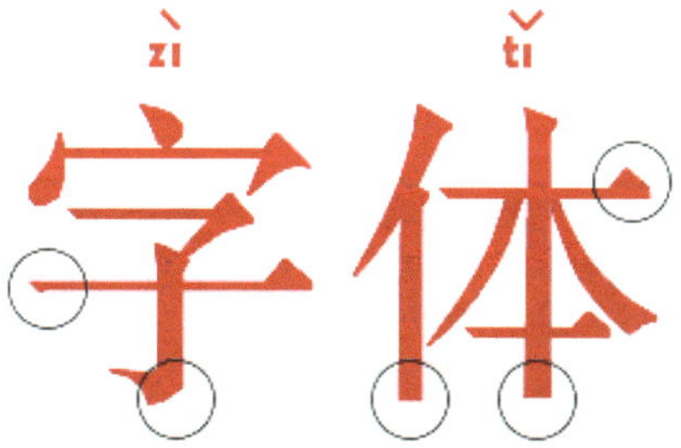

图4-6

宋体中的横一定是平直的，而仿宋体则会微微倾斜。同时，仿宋体不会有很大的字脚，横竖笔画的粗细对比也没有宋体大。

方正出品的方正仿宋字体如图4-7所示。

方正仿宋

图4-7

汉仪制作的汉仪仿宋字体如图4-8所示。

汉仪仿宋

图4-8

仿宋体在新媒体行业出现的频率非常高，许多文学类、情感类的公众号都采用仿宋体作为装饰字体。

（3）无衬线体

无衬线体通常被认为是一种现代字体，但其历史也非常久远，甚至可以追溯到希腊和古罗马文字形成的时期。无衬线体没有衬线，结构十分简洁，富有几何感，大部分笔画是均匀的，这种特点使得它们在页面上呈现出单调的观感，但均匀的笔画使其拥有绝佳的易读性。因此，几乎所有的交通标志及许多户外广告牌都使用无衬线体，因为它们需要向一个运动的目标传达信息，这些信息在人们的眼前都是迅速移动的，所以字体的易读性是首要考虑因素，如图4-9所示。

图4-9

　　无衬线体在20世纪20年代变得特别流行，当时包豪斯和瑞士派运动的影响也波及字体设计领域。包豪斯学派主张的"功能决定形式"，对无衬线体的普及和影响巨大。绝大部分主打现代、简约的品牌都采用了无衬线体作为品牌的标准字体，如"无印良品"（见图4-10）和"优衣库"（见图4-11）。

图4-10

图4-11

　　中文中的黑体是常见的无衬线体，是20世纪早期广告印刷品的产物。为了避免重复和单调，字体公司设计了很多黑体的变体可供选择，如造字工房的力黑体和悦黑体（见图4-12）。

造字工房
力黑
造字工房力黑体
MAKEFONT.COM ALL RIGHTS RESERVED.
造字工房
悦黑
造字工房悦黑体
MAKEFONT.COM ALL RIGHTS RESERVED.

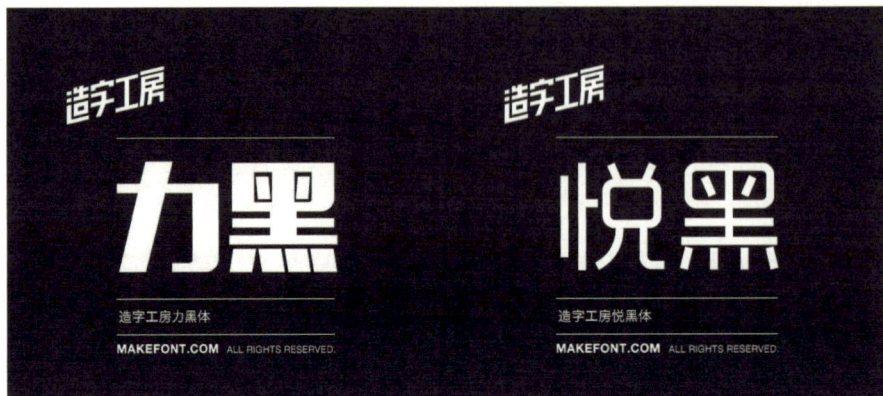

图4-12

微软公司委托方正公司设计的微软雅黑被广泛地使用在网页和PPT展示中。

微信官方设计团队公布的最符合微信品牌气质的字体是汉仪旗黑，如图4-13所示。

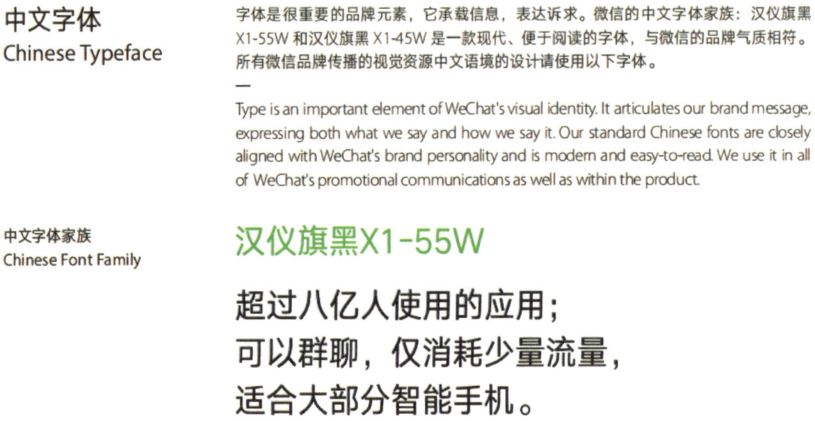

中文字体
Chinese Typeface
字体是很重要的品牌元素，它承载信息，表达诉求。微信的中文字体家族：汉仪旗黑X1-55W 和汉仪旗黑 X1-45W 是一款现代、便于阅读的字体，与微信的品牌气质相符。所有微信品牌传播的视觉资源中文语境的设计请使用以下字体。
Type is an important element of WeChat's visual identity. It articulates our brand message, expressing both what we say and how we say it. Our standard Chinese fonts are closely aligned with WeChat's brand personality and is modern and easy-to-read. We use it in all of WeChat's promotional communications as well as within the product.
中文字体家族
Chinese Font Family
汉仪旗黑X1-55W
超过八亿人使用的应用；
可以群聊，仅消耗少量流量，
适合大部分智能手机。

图4-13

（4）手写体

手写体是模仿手写文字字形的字体。手写体的可读性不强，并不适合作为正文字体，但有较强的趣味性。中文字体中的楷书、行书都是典型的手写体，如图4-14所示。

娱乐类和情感类的公众号会更多地采用手写体，以增加趣味性和亲密度。例如，创意类公众号"王左中右"的大部分展示字体都是自己设计的手写体，这种字体不断壮大，后经过作者与方正字库联合开发，在2017年12月，方正王左中右体正式发布，如图4-15所示。

图4-14

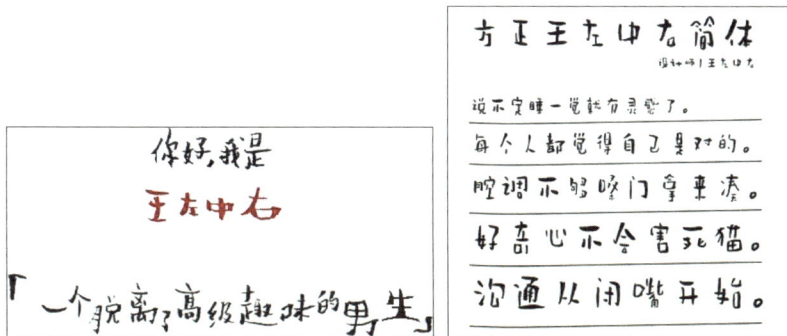

图4-15

（5）新颖体

新颖体包括了所有与众不同、新颖别致的字体设计。这类字体的字形与其他任何类别的字体都毫不相同。事实上，新颖体并非一般意义上的字体类别，因为它们并不具有某种共同的特征或相同的结构。这类字体有时会被冠以"装饰体"的绰号，它们的特征从各自的名称就可以看出，是某种简单的视觉隐喻，如气球体、星条旗体、冰柱体等。

由新加坡艺术家Kevin创作的"小时代"如图4-16所示。

图4-16

由Shangchin Ding创作的"纽约"如图4-17所示。

图4-17

由上海的Wang 2Mu创作的"逆流而上"如图4-18所示。

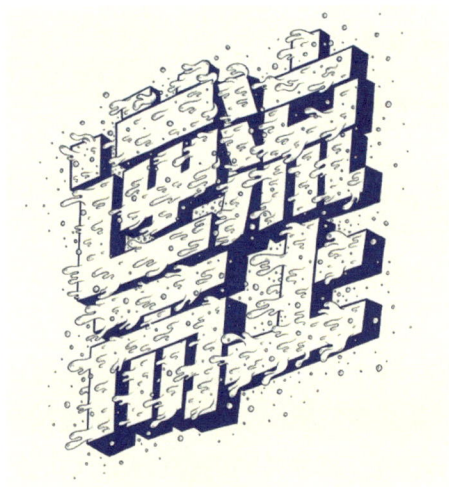

图4-18

2. 字体的选择

选择字体前需要了解一个事实——新媒体内容在手机端的字体显示以系统默认字体为准。例如，iOS系统中默认字体是"苹方"，那么内容就是以苹方字体的形式呈现的，如图4-19所示。

图4-19

安装"新媒体管家"插件后，可供选择的默认字体会增加一些，如图4-20所示。

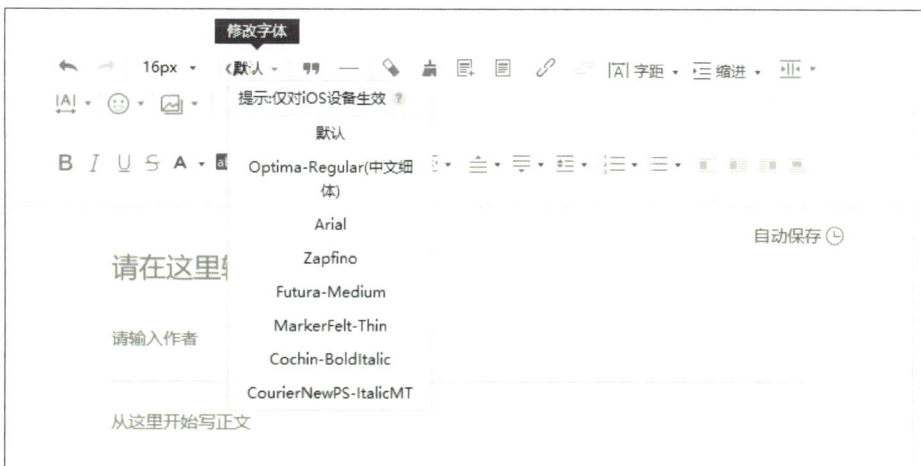

图4-20

安卓系统中的默认字体是思源黑体。不过，安卓系统的字体自由度较高，有多款字体可以轻松地下载和安装。所以，对于安卓用户来说，新媒体的正文字体会丰富很多。如果想要在手机端显示自己定义的字体，就需要把文字转换成图片的形式再发布。

然后，需要先将信息的内容分为两个基本部分：展示字体和正文。典型的展示字体包括标题、装饰文字等，为了起到强调效果，这类字体都设定得比较大，选择字体时应优先考虑创意度；正文是阅读类素材，一般篇幅较长，选择字体时应优先考虑易读性，如图4-21所示。

图4-21

在正文字体的选择上尚存在争议，一些设计师认为无衬线体是顺应潮流的选择，另一些设计师则坚持使用衬线体。原因有两个：第一，我们习惯于看衬线体，几乎所有我们阅读的纸质媒介（书、杂志、报纸等）都采用了衬线体；第二，衬线体的粗细笔画和圆润的字形可以相对降低眼睛的疲劳程度，使阅读变得更加舒适。除了更好的可读性外，衬线体往往更加传统，更具个性化和可信性。无衬线体给人冰冷、刚硬的感觉，更具现代感。通常情况下，我们会综合使用这两类字体。

保持正文字体和展示字体的协调也非常重要，最简单但没什么创意可言的方法是，正文字体和展示字体使用相同的字体。

除了区分展示字体和正文字体外，还需要根据字体的主要功能选择字体。字体的功能主要有3点，即保证友好阅读、激发读者兴趣以及保持统一性。每种字体都有自己的优缺点，设计师在选择时应该考虑清楚，你最需要的是哪种功能。

➢ 保证友好阅读。文字的主要功能是用于阅读，所以保证良好的可读性是字体的首要功能，友好的阅读包括展示清晰和层次清晰。影响阅读友好性的因素主要有两点：装饰复杂程度及结构复杂程度。无衬线体结构简单且完全没有装饰，是最易读的字体。古体年代久远，结构相对复杂，较难辨认。据此，可对前面5种字体进行易读性排序：无衬线体 > 衬线体 > 手写体 > 新颖体 > 古体。使用越多的字体，越要优先考虑易读性。

➢ 激发读者兴趣。字体，特别是展示字体，应该具有一定的创意，能激发读者的兴趣。字体创意度与设计师的个性化加工程度及使用频率有关，新颖体的自由度是最大的，最具创意；古体的使用频率较低，创意度也很高。据此，对前面5种字体进行创意度排序：新颖体 > 古体 > 手写体 > 无衬线体 > 衬线体。

➢ 保持统一性。字体的使用要适应所传达信息的基调和感觉。例如，不同字体的现代感差异很大，对前面5种字体进行现代感差异排序：古体 > 衬线体 > 手写体 > 无衬线体 > 新颖体。设计师可根据信息需要传达的感觉选择合适的字体。

❯❯ 4.1.2 设定合适的字号

对于字体的尺寸没有明确的规则。一般来说，新媒体正文的字号设定为14 ~ 16px。

如果用户是孩子和老人，字体越大，读起来越容易。

❯❯ 4.1.3 设定有效行距

在字行之间留有合适的空间，可以让读者获得舒适而有效率的阅读效果。一般来说，行的长度越长则行距越大，以保证阅读的舒适性。字体越大则可读性越强，需要的行距越小。

》》4.1.4　选择合适的栏宽

我们在阅读时是一次读入成行的句子，并不是一次读入一个字，所以设定栏宽来调节阅读节奏，特别是标题设置，显得尤为重要。

文字栏宽设定得太宽会使阅读变得不便，还会打断阅读步调，使可读性大打折扣。阅读会因此变得缓慢且障碍重重，这是因为我们无法顺利地将视线从一行移至另一行，同时还会逐渐失去阅读的耐性。

当文字栏宽很窄时，会迫使眼睛进行来来回回的运动，很容易疲劳，从而降低阅读效率。

》》4.1.5　关于字体的版权问题

在使用字体时，版权问题很容易被忽略。在使用字体时，应该注意选择免费、可商用的字体。

1. 方正系列字体

方正系列字体是我们接触得最多的系列字体，但免费可商用的方正字体只有方正黑体、方正书宋、方正仿宋、方正楷体，如图4-22所示。需要特别注意的是，日常使用频率极高的微软雅黑属于付费字体。

图4-22

2. 思源系列字体

思源系列字体是Adobe与Google宣布推出的一款免费、开源字体，目前有思源黑体和思源宋体两款可供选择，如图4-23所示。

图4-23

3. 站酷系列字体

国内著名的创意设计网站"站酷"推出了一系列免费、可商用字体，包括小薇Logo体、站酷酷黑体、站酷意大利体、站酷快乐体、站酷高端黑体5种，如图4-24所示。

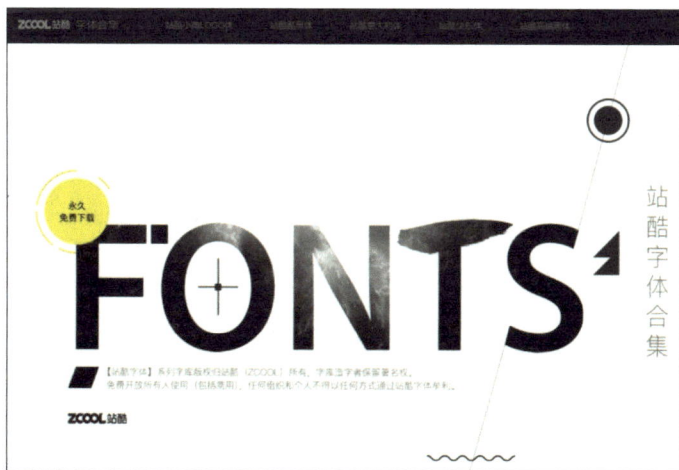

图4-24

4. 文泉驿系列字体

文泉驿是一个以开发开源、免费中文电子资源（如汉字字体、词库等）为目标的公益性组织，其创办宗旨是实现"任何人在任何地方都可以自由使用汉字和汉语进行交流"。文泉驿提供的免费字体有文泉驿正黑体、文泉驿点阵正黑体、文泉驿等宽正黑体、文泉驿微米黑、文泉驿点阵宋体。

5. 郑庆科黄油体

郑庆科黄油体由字体设计师郑庆科开发，是一款偏儿童化的美术字体，带点复古又带点时尚，是一款看起来普通又非常耐看的中文字体，如图4-25所示。

图4-25

6. 庞门正道标题体

庞门正道标题体是设计师阿门开发的一款非常适合做标题的字体，如图4-26所示。

图4-26

7. 手书体

手书体是平面设计师 Anonymous 自己手写的一款字体，共设计了基本汉字6763个，如图4-27所示。

图4-27

8. 字体库

除此以外，我们可以通过大型的字体库查找免费字体，如国内的"字由"。字由是为设计师量身定做的一款字体工具（见图4-28）。字由收集整理了上千款精选字体，设计师可以通过收藏、搜索、标签、案例等快速找到心仪的字体，并在设计软件中无缝地使用这些字体。Font Squirrel提供了大量免费、高质量的西文字体库，也是设计师的好助手。

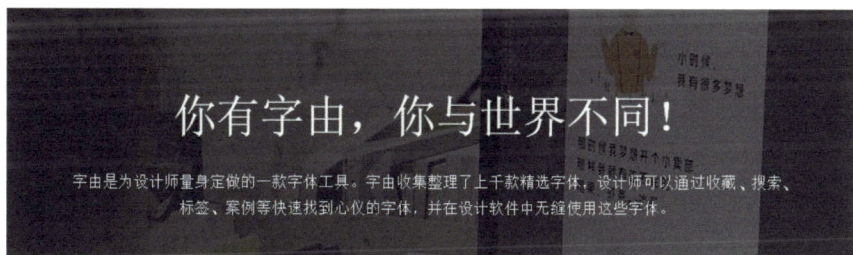

图4-28

要点回顾

- 字体的种类是有着某些相同外观特征的字体的集合。字体的分类方式有很多。例如，字体按年代可以分为古体和现代体，按有无衬线可以分为衬线体和无衬线体，按是否适合印刷可以分为印刷体、手写体、新颖体。参考大多数印刷商和设计师对字体的分类，可以把字体分为五大类：古体、衬线体、无衬线体、手写体、新颖体。

- 对于字体的尺寸没有明确的规则。一般来说，新媒体正文的字号设定为14 ~ 16px。如果用户是孩子和老人，字体越大，读起来越容易。

- 在字行之间留有合适的空间，可以让读者获得舒适而有效率的阅读效果。一般来说，行的长度越长，行距越大，以保证阅读的舒适性。字体越大，可读性越强，需要的行距越小。
- 文字栏宽设定得太宽会使阅读变得不便，还会打断阅读步调，使可读性大打折扣。阅读会因此变得缓慢且障碍重重，这是因为我们无法顺利地将视线从一行移至另一行，同时还会逐渐失去阅读的耐性。当文字栏宽很窄时，会迫使眼睛进行来来回回的运动，很容易疲劳，导致阅读效率降低。
- 在使用字体时，应该注意选择免费、可商用的字体。

设计实践

在各种新媒体渠道上搜集古体、衬线体、无衬线体、手写体、新颖体的设计实例，并进行分析。

4.2 图片

比起文字，人们更容易记住图片，特别是在较长时间以后。这个现象叫"图片优势效应"。例如，比起公司的实际名字，人们更容易记住代表公司的图片。插图、照片一直在大众传播中扮演着重要角色。在新媒体时代，动图开始流行，逐渐成为第3种重要的图片类型。

》》 4.2.1 插图

插图艺术有着悠久的历史。从世界最古老的插画——洞窟壁画到日本江户时代的民间版画浮世绘，无一不演示着插图的发展。考古学家在西班牙的尼尔加（Nerja）洞穴中的墙壁上发现了迄今为止最古老的壁画作品，距今大约42 000年，如图4-29所示。

插图最先是在19世纪初期随着报刊、图书的变迁发展起来的。而它真正的黄金时代则是20世纪五六十年代首先从美国开始的，当时刚从美术作品中分离出来的插图明显带有绘画色彩，而从事插图的作者也多半是职业画家，之后又受到抽象表现主义画派的影响，从具象转变为抽象。直到20

世纪70年代，插画又重新回到了写实风格，如图4-30所示。

图4-29

图4-30

我国最早的插图是以版画形式出现的。到了宋、金、元时期，书籍插图有了长足的进步，应用范围扩大到医药书、历史地理书、考古图录书、日用百科书等书籍中，并出现了彩色套印插图。明清时期可以说是古代插图艺术大发展的时期，全国各地都有刻书行业。不同的地域形成了不同的风格。

新媒体中最常出现插图的位置有两个：封面插图和文中插图。这两个位置的插图要注意保持统一的风格。

按照应用场景的不同，插图可以分为两类：文学插图和商业插图。文学插图是再现文章情节、体现文学精神的可视艺术形式。商业插图是集艺术与商业于一体的一种图像表现形式，为企业或产品传递商品信息。

国内新媒体的插图来源一般有3个。

（1）国外插画师的作品或国外免费图库中的插图。例如，好奇心研究所、UC校园等新媒体，一般都是直接使用国外插画师的作品。好奇心研究所会标注作者姓名，如图4-31所示。直接使用国外插画家的作品存在一定的版权风险，建议谨慎使用。

图4-31

（2）通过合作或购买作品等方式使用插画师的作品。这种方式一般适用于财力雄厚的成熟新媒体品牌，财力不足的新媒体品牌使用免费图片更为实际。

（3）原创插图。例如，公众号"王左中右"基本使用的都是原创插图，如图4-32所示。

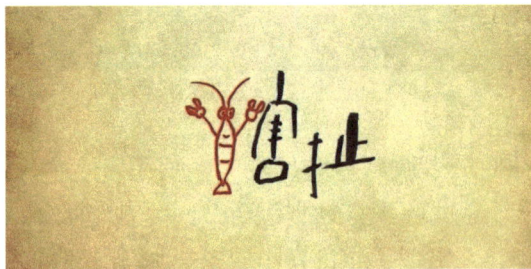

图4-32

》 4.2.2 信息图

信息图是指针对内容复杂、难以形象表述的信息，先进行充分理解、系统梳理，再使其视觉化，通过图形简单清晰地向读者呈现出来。信息图是一个合成词，由"信息"和"图"两个词组成，也被称为信息图形。信息图最初适用于媒体中，报纸及新闻类杂志的设计部门将其称为图解新闻。例如，国内的新浪新闻、搜狐新闻、中新网、人民网等著名媒体旗下都有图解新闻栏目。

信息图是插图中的一个特殊类别，之所以单独列出来介绍，是因为它在当下的新媒体环境中使用的频率越来越高，甚至诞生了专门的信息图新媒体——局部气候调查组。

信息图可以帮助读者理解用纯文字难以表达清楚的复杂内容，采用图文并茂的结构，可读性非常强，如2017年"信息之美奖"的获奖信息图作品（见图4-33）。

图4-33

日本设计师木村博之在其著作《图解力：跟顶级设计师学作信息图》中将信息图的呈现方式分为图解（Diagram）、图表（Chart）、表格（Table）、统计图（Graph）、地图（Map）、图形符号（Pictogram）。

1. 统计图

统计图是最常见的信息图类型，主要通过几何图形来表现数值的变化趋势或进行比较，可以使复杂的统计数字简单化、通俗化、形象化，一目了然，便于理解和比较，如图4-34所示。

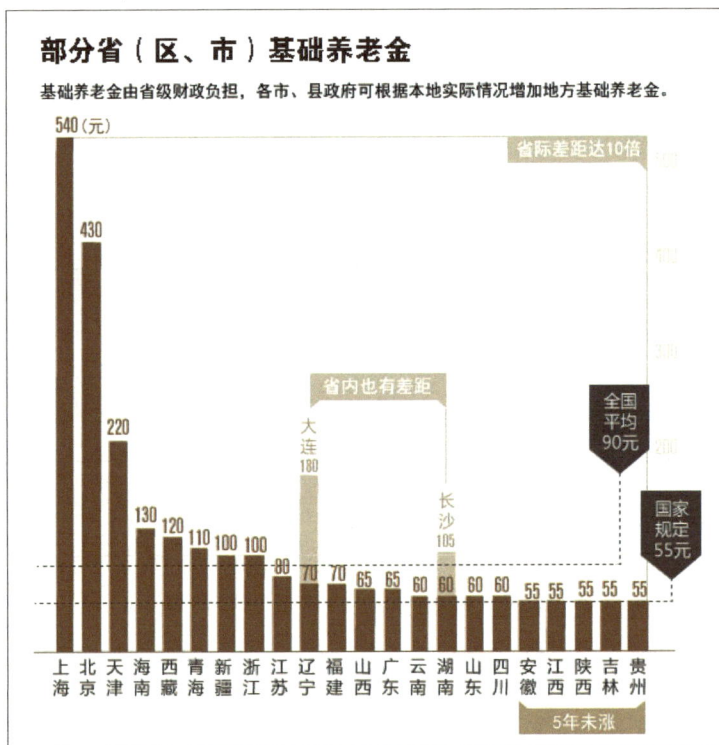

图4-34

2. 图表和表格

图表运用图形、线条及插图等阐释事物的相互关系。表格根据特定信息标准进行区分，设置纵轴与横轴。流程图是典型的图表类型。例如，公众号"企鹅吃喝指南"经常使用表格来展示信息，为了使画面更生动，还会对表格进行艺术化处理，如图4-35所示。

图4-35

3. 图解

图解是运用插图对事物进行说明。公众号"局部气候调查组"的推文几乎都属于此类，公众号"企鹅吃喝指南"中也经常用插图来解释抽象、枯燥的概念，如图4-36所示。

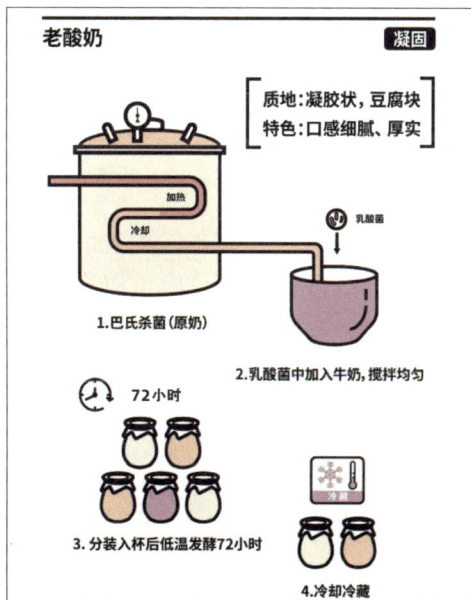

图4-36

4. 地图

地图是将某个地域中的事物缩小后绘制在平面上的图形，我们常见的地图基本上都是以地形图为基础绘制的。

5. 图形符号

图形符号不使用文字，运用图画直接传达信息。通俗地说，也就是图标。例如，我们日常生活中经常见到的交通图标就是典型的图形符号，不需要任何文字解释，只需要通过图标，大家就能明白其中的意思，如图4-37所示。

图4-37

≫ 4.2.3 照片

新媒体中使用的照片可以自己拍摄，也可以在免费或付费的图库中挑选合适的照片。娱乐类、本地类、时尚类的新媒体一般自己拍摄照片，如石榴婆报告（时尚类）、0752（本地类）等。

有时也采用照片加插画的形式，如公众号"匡扶摇""文摇"都用到这种形式，如图4-38、图4-39所示。

≫ 4.2.4 动态图片

1832年，最早的动画形式——费纳奇镜（俗称"诡盘"）就已经产生，如图4-40所示。由于"帧数"限制，费纳奇镜只能显示很短的一段动画，会在旋转中不断循环往复。

图4-38

图4-39

  如今，随着互联网技术的不断进步，动画的形式也在不断扩展、创新。"动图"是近年来在互联网特别是在移动互联网中产生、发展、传播的一种新的艺术形式。虽然目前对其还没有准确的定义及范围，但只要是涉及图形、图像、图画、符号的动态表现，都可以称为"动图"。它是以

GIF格式为表现形式的连续的动态图片,是一种可以综合影像、绘画、图形元素等的多媒体艺术形式,是动态视觉艺术形式与静态视觉艺术形式的结合。同时,它也可以随意地将现有的艺术作品分解重组成新的艺术作品,在分解艺术作品时充分显现了GIF动图碎片化的信息展示特征,符合当代数字化艺术在新媒体上传播的特点。

图4-40 费纳奇镜作品

》》 4.2.5 关于图片的版权问题

任何图片都有作者,有作者就有版权,关于人物和品牌等特殊内容的图片还会涉及人物肖像权、隐私权或品牌商标权等。传统的版权通常有两种极端,一种是"保留所有权利",另一种是"不保留任何权利"。如未有特殊声明,作者对作品"保留所有权利"。

为了反击支配了现代社会且拘束力日益增加的"权限文化",国际上诞生了一种新的权限方式——知识共享(Creative Commons)。Creative Commons是一个相对宽松的版权协议,只保留了作者的几种权利,使用者可以明确知道所有者的权利，不容易侵犯对方的版权，从而使作品得到有效传播。作者可以选择以下4种权利组合。

> 署名：必须提到原作者。

> 非商业用途：不得用于营利。

> 禁止演绎：不得修改原作品，不得再创作。

> 相同方式共享：允许修改原作品，但必须使用相同的许可证发布。

如果作者没有明确声明以上权利，那么使用者可以在法律允许的范围内复制、修改、发行、演绎作品甚至直接用于商业性目的，无须征得原作者的同意。许多图库都加入了Creative Commons（知识共享）协议，我们可以在这些网站上找到高清、免费、可商用的图片。

> Foter，提供3亿多张图片。Foter的图片来源于目前世界上最好的线上相片管理和分享应用——Flickr。Flickr上参与了Creative Commons许可的照片都会出现在Foter中。

> Visual Hunt，提供3.5亿张图片。和Foter一样，Visual Hunt的图片同样来源于Flickr上参与了Creative Commons许可的图片。

> Pexels，提供数十万张免费照片。所有照片均由用户上传或来自免费图片网站的照片精选。

> Pixabay，提供150多万张图片，分享免费的照片、插图、矢量图和视频。所有的内容都是在Creative Commons CC0下发布的，这使得它们可以免费商用，不需要为创作者署名。

> Unsplash。Unsplash是一个摄影社区，聚集了9万多名摄影师和创作者，提供近60万张高清照片。

> SplitShire。创始人创建SplitShire的目的很简单，就是为没有任何实用性而遗忘的照片赋予生命。在近十年的摄影过程中，创始人积累了许多文件，成千上万，所以创始人开始上传前100张高分辨率照片，用户可以免费下载并用于个人商业用途。

有一些图库只关注一种类型的图片。

> Foodiesfeed，来自世界各地的食品摄影师在Creative Commons Zero（CC0）许可下分享照片，以帮助实现Foodiesfeed的最终目标，使与食物相关的在线空间更加美丽，并消除人们仍然保留的所有丑陋的无菌照片使用。

➤ Streetwill，小而美的复古图片网站，无版权，不用署名。

➤ New Old Stock，高清、复古照片。

➤ ThePatternLibrary、Subtlepatterns、鱼图，这3个网站都提供了大量高清、免费的纹理背景图片。

一些图库提供PNG格式的图片，不过只能用于非商业场合。

➤ Pngimg。Pngimg由一个小型的设计师团队创建，他们发现在日常工作中，经常需要高质量的 PNG图像，但缺乏相关的专业网站，所以创建了这个免费的PNG图库，提供5万多张免费、高清、带有透明背景的PNG图像，但只能用于非商业目的。

➤ StickPNG。StickPNG是一个充满活力的创意人群，共享透明的PNG图像，提供近3万张免费、透明的PNG图像。

国内的图库基本上都是收费的。视觉中国汇集了国内外知名付费图片社区Getty、500px、Corbis、bettman的图片，是国内最大的付费图库。

动态图片在国内外暂时都没有免费可商用的图库，这种类型的网站目前主要包括两类。

一类是搜索引擎型，可以通过关键词搜索网络上的动态图片。

➤ Giphy。Giphy创办于2013年，是GIF动图工厂，用户能够搜索并共享各大网站及Twitter、Facebook Messenger等社交媒体中数以十亿计的动图。不过，Giphy没有GIF动图的版权，也没有建立独家发布伙伴关系。

➤ Tumblr。Tumblr是GIF动图的大本营，包括一些标杆性和先锋性的作品。

➤ SOOGIF。SOOGIF是国内最大的动图搜索引擎。

➤ 小猪动图。它是国内最好的GIF动图中文搜索引擎，致力于更加快速便捷地获取和分享GIF动图。平台收录和制作了数百万张国内外搞笑、表情、影视、艺人、动漫、美食、体育、动物等GIF动图素材，并提供了GIF在线工具，支持GIF制作、GIF压缩、GIF水印、GIF裁剪等功能。

另一类是艺术家个人或团队的动态图库。

➤ Gipparanoia。网站Gifparanoia创意起初来源于"I'm not an artist"，在其系列作品成名后，推出其他栏目如"An animated Gif"，图片内容简单而富有个性。

➢ Golden Wolf。这是一家英国公司，成立于2013年，风格多样，非常符合年轻人的口味，受到众多知名品牌的信赖，如Sprite、Adidas、Ray Ban、Red Bull、Disney、Vans、Nike、Target等。

➢ Julian Glander。Julian Glander在高中时期就开始了他的动画事业，从业余爱好变成了自己的职业。设计风格幽默，深受年轻人喜爱。

➢ Rafael-varona。名副其实的"小动画"，每一幅作品都是小巧精美的。除了小，还有循环，整体风格有一种轻幽默，让人看了心情很舒畅。

➢ Gifbin。网站的标语是"Best Funny Gifs"，提供了大量搞笑、幽默的图片，是我们找图的好去处。

➢ Animal GIFs。Animal GIFs只提供有关小动物的GIF图片。

要点回顾

● 图片包括插图、信息图、照片和动态图片等类型。插图、照片一直在大众传播中扮演重要角色。在新媒体时代，动图开始流行，逐渐成为第3种重要的图片类型。信息图是插图中的一个特殊类别，之所以单独列出来介绍，是因为它在当下的新媒体环境中被使用的频率越来越高。

● 任何图片都有作者，有作者就有版权，关于人物和品牌等特殊内容的图片还会涉及人物肖像权、隐私权或品牌商标权等。传统的版权通常有两种极端，一种是"保留所有权利"，另一种是"不保留任何权利"，如未有特殊声明，作者对作品"保留所有权利"。

● 为了反击支配了现代社会而且拘束力日益增加的"权限文化"，国际上诞生了一种新的权限方式——知识共享（Creative Commons）。Creative Commons是一个相对宽松的版权协议，只保留了作者的几种权利，使用者可以明确知道所有者的权利，不容易侵犯对方的版权，从而使作品得到有效传播。

设计实践

1. 收集你欣赏的插画、照片、动图作品，并分析你被作品打动的原因。

2. 从微信公众号中选择一个你非常喜欢的故事，内容不限，根据故事配置合适的插图、照片或动图，确定你的作品能充分反映原作的内涵。

4.3 色彩

大部分新媒体运营人员可能忽视了色彩的重要性。事实是，Logo、二维码、文中标题、正文、海报等大量地方都会用到色彩，更重要的是，从视觉感受的先后顺序来看，色彩会优先于文字被用户感受到，形成对品牌的第一印象。

》》4.3.1 选择主色调

色彩搭配的第一步是选择主色调（也叫色相）。色彩的意义在于展现品牌内涵和产品特征。市面上大部分的成功品牌都是有主色调的，甚至一提起品牌名，你就会想起某种颜色。例如，可口可乐是红色的，百事可乐是蓝色的，麦当劳是金色的，蒂芙尼是蓝色的（见图4-41）。

图4-41

定位之父特劳特称之为品牌的"视觉锤"。新媒体在某种程度上是品牌"视觉锤"的延伸，理所当然，应该延续品牌的主色调。主色调的选择可以参照以下两个步骤。

首先，要知道有多少种颜色。我们在小学的美术课上就听说过红、黄、蓝三原色，因为这3种颜色可以混合组成任意其他颜色，但没有其他颜色可以混合得到它们，所以说它们是最原始的颜色，简称"原色"（Primary Colors），如图4-42所示。

图4-42

三原色两两叠加，可以得到橙、紫、绿三间色（Secondary Colors）。我们最熟悉的就是"蓝+黄=绿"，如图4-43所示。

图4-43

同样的道理，继续叠加相邻的两种颜色，可以得到 6 种新的颜色。因为是第三次叠加得到，所以被称为三级色（Tertiary Colors）。这样，一个基本的 12 色色环就形成了，如图4-44所示。

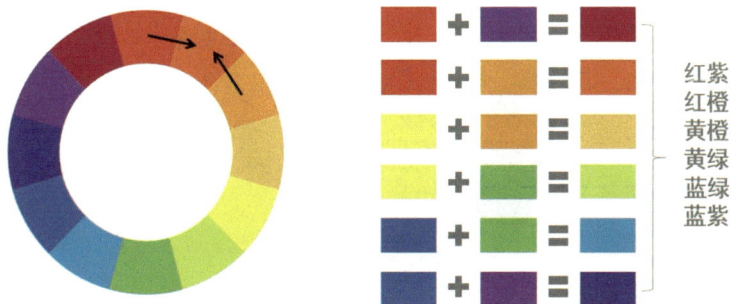

图4-44

以此类推，不断叠加，我们可以得到无数种颜色。在 PPT 的颜色面板中提供了255种色调（见图4-45），调节色调栏中的数字（0～255）就可以得到对应的色调，也可以直接在矩形颜色框中从左至右移动色标进行选择（如黑色箭头所示）。

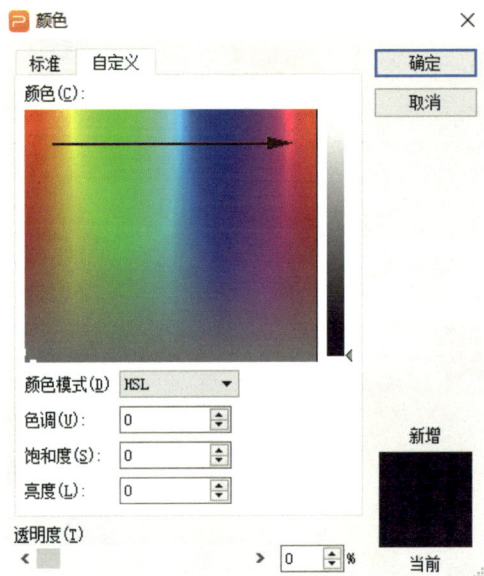

图4-45

然后，要明白不同色彩蕴含不同的意义。在12色色环中，从红色顺时针旋转到黄色的区域属于暖色，相对的部分属于冷色，如图4-46所示。

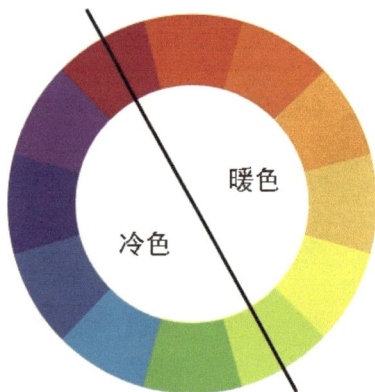

图4-46

暖色在自然界中常见于阳光、火焰、血液等，让人感觉到温暖和有活力。对应的关键词有感性、欢乐、喧闹、热情、女性化等。例如，情感类自媒体，大都是以红、黄等为主的暖色系（见图4-47），HUGO 的主色彩偏冷，但在封面中用了红、黄等暖色调和。

图4-47

主打女性用户的时尚类自媒体也非常喜欢红色（见图4-48）。

图4-48

同样的选色逻辑在美妆类自媒体中也适合，如图4-49所示。

图4-49

冷色在自然界中常见于海洋、天空、植物等，让人感觉到清新和宁静。对应的关键词有理性、自然、安静、内敛、男性化等。例如，金融理财类自媒体就更适合蓝、绿等冷色系，如图4-50所示。

图4-50

除了冷暖的差异外，不同国家、不同文化也给颜色赋予了不同的意义。例如，中国人喜欢红色，觉得喜庆；日本人喜欢淡雅的色调，如茶色；巴西人则不喜欢暗茶色，认为其象征着死亡。

>> 4.3.2 确定色彩风格

主色调并不能确定风格，因为同一色调可以通过增加黑色和白色（改变亮度），或者增加灰色（改变饱和度），形成完全不同的风格。添加的白色越多，给人的感觉越清新、天真、朴实；添加的黑色越多，给人的感觉越稳重、成熟、厚重。

1. 纯色：亮丽风格

纯色（饱和度=255）是指不混杂黑色或白色的色调，是所有色调中最鲜艳、最吸引眼球的色调，也是PPT文字颜色中的标准色，如图4-51所示。

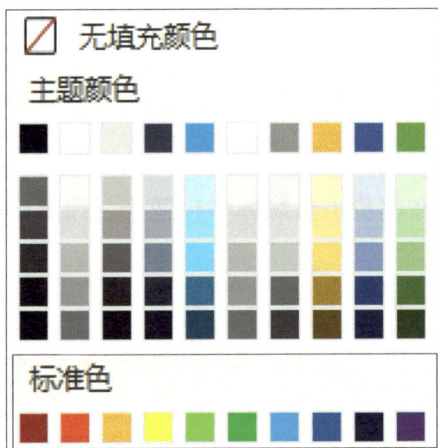

图4-51

高饱和度的纯色常见于儿童产品（因为儿童对色彩的认知有限，使用高饱和度色彩能便于儿童识别）和老年产品（因为老人们年轻时社会流行的是纯色，相对于年轻人，老人很难改变已经形成的认知）。图4-52所示的儿童玩具品牌"乐高"的宣传海报就采用了大量高饱和度的纯色。

大面积使用纯色，会给人俗气的感觉，因为物以稀为贵，颜色也不例外。

在品牌领域，为了吸引眼球，大量品牌使用高饱和度色作为品牌主色，导致高饱和度配色泛滥，自然显得俗气了。近年来，很多品牌为了让自己显得高级一些，刻意降低品牌色彩的饱和度，如图4-53所示。

图4-52

图4-53

2. 加入白色：清新风格

因为上面提到的原因，可以选择在纯色中加入白色，整体风格会显得比较清新、有质感，有助于提升整体格调。例如，大部分的时尚、文艺类自媒体都是这种配色，如图4-54所示。

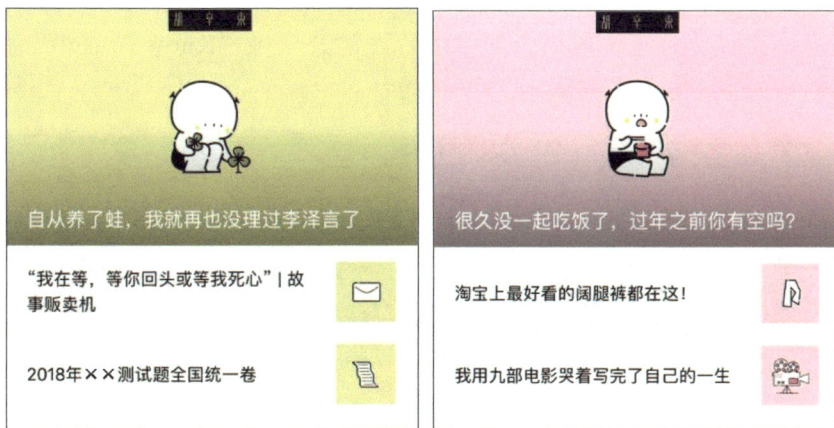

图4-54

3. 加入灰色：古朴风格

在纯色中加入灰色，就形成了古朴风格。这种风格比较适合于有复古需求的自媒体，例如，公众号"局部气候调查组"就大量地添加了灰色，如图4-55所示。

图4-55

4. 加入黑色：深沉风格

在纯色中加入黑色，就形成了比较个性化的深沉风格。主打深度内容的自媒体比较适合这种风格，如深度心理学公众号"KnowYouself"就是以暗色系为主，如图4-56所示。

图4-56

≫ 4.3.3　选择配色方案

确定了主色调和风格，接下来我们需要考虑的是如何配色。配色非常复杂，最简单的方法就是使用"单一颜色+黑白灰"，虽然有点乏味，但肯定不会犯错误，如图4-57所示。

图 4-57

掌握了单一配色技巧后可以进一步尝试多种配色方案，以达到增强视觉效果的目的。常见的配色方案还有互补色搭配、三角形搭配、矩形搭配等，使用专业的工具，如Color Scheme Designer，即可轻松找到专业的搭配方案，如图4-58所示。

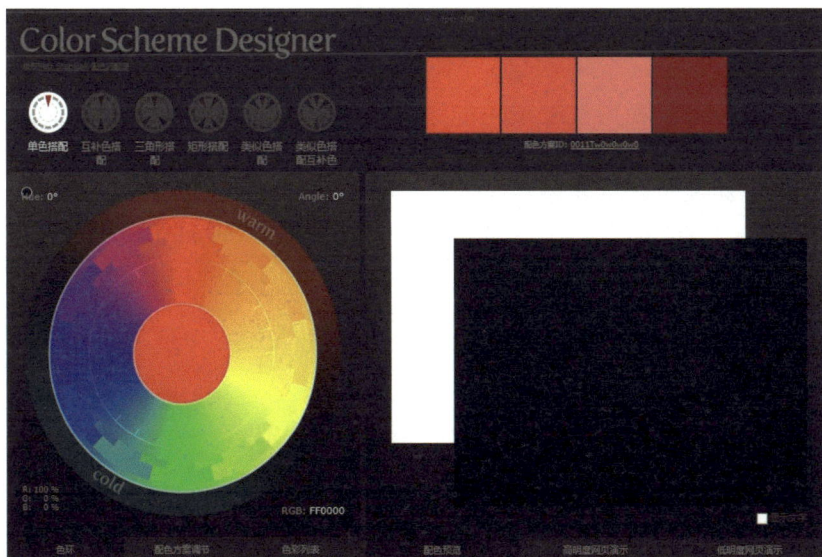

图4-58

》》4.3.4 通过色彩引导阅读

1. 清晰易读，颜色不能太多

正文部分的颜色搭配，首先需要特别注意的就是清晰易读。在保证辨识度的前提下，正文部分尽量采用较低饱和度的颜色，对眼睛的刺激小，会更适合长时间阅读。例如，"#595959"颜色的字比"#000000"颜色的字看起来更舒服；淡红色背景比大红色背景看起来更舒服。此外，颜色不能超过 3 种，否则就会显得混乱。

2. 利用强调色突出重点内容

在统一大面积文字颜色的前提下，把需要强调的内容用强对比色进行突出，这个对比可以是色相的对比，如图4-59所示。

图4-59

设计人员可以利用互补配色的原则，选择色环中处于对立位置的颜色进行配对（这样的色相对比效果是最强的）。例如，图4-60中蓝色和黄色的对比，就符合互补配色原则。

图4-60

也可以是明度的对比（黑白是明度对比最大的颜色），如图4-61所示。

图4-61

要点回顾

● 色彩搭配的第一步是选择主色调（也叫色相）。色彩的意义在于展现品牌内涵和产品特征，所以应该根据品牌内涵选择主色调。

● 主色调并不能确定风格，因为同一色调可以通过增加黑色和白色（改变亮度），或者增加灰色（改变饱和度），形成完全不同的风格。添加的白色越多，给人的感觉越清新、天真、朴实；添加的黑色越多，给人的感觉越稳重、成熟、厚重。所以，应当在主色调的基础上适当添加黑、白、灰，确定风格。

● 配色非常复杂，最简单的方法就是使用"单一颜色＋黑白灰"。除此以外，常见的配色方案还有互补色搭配、三角形搭配、矩形搭配等。

● 正文部分的颜色搭配，首先需要特别注意的就是清晰易读。在保证辨识度的前提下，正文部分尽量采用较低饱和度的颜色，对眼睛的刺激小，会更适合长时间阅读。在统一大面积文字颜色的前提下，把需要强调的内容用强对比色进行突出。

设计实践

1. 收集一个你认为色彩运用不当的新媒体设计案例，用现有的素材重新设计版面和色彩。

2. 收集 5 个品牌的 Logo，分析色彩与品牌内涵的联系。

3. 收集一个你认为色彩设计最好的新媒体案例，并分析原因。

第5章
新媒体动态交互视觉设计

　　动态和交互是新媒体视觉设计的两大特点，根据动图的制作方式，可将动图分为3类：影视片段类动图、摄影类动图、艺术类动图。人类有五感，即视觉、听觉、嗅觉、味觉、触觉，交互设计的本质是通过科技将人类的五感赋予机器，使人与机器能够实现双向的沟通，所以交互设计可以分为视觉交互、听觉交互、嗅觉交互、味觉交互和触觉交互5大类。

5.1 新媒体动态设计

5.1.1 新媒体动态设计的类型

根据动图的制作方式，可将动图分为3类：影视片段类动图、摄影类动图、艺术类动图。

1. 影视片段类动图

影视片段类动图是指通过截取电影、电视剧、动画、综艺等视频中的片段，再通过添加字幕等方式来设计"动图"。这些动图的特征往往是幽默、夸张、搞笑的内容，凭借影视剧本身广泛的群众基础，传播速度非常快，如图5-1所示。

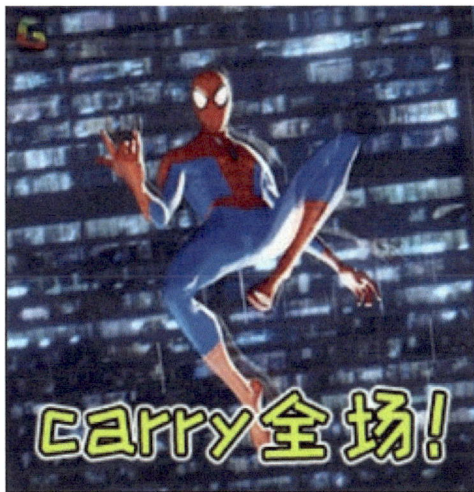

图5-1

2. 摄影类动图

摄影类动图一般是指由多张连续的照片连续播放制作的动图，苹果手机中的Live Photo功能可以直接拍摄动态照片，经过软件转换即可生成动图。

摄影类动图中还有一种叫作Cinemagraph的特殊类型。cinema是电影摄影，graph是图片，Cinemagraph是指拥有动态影像元素的图像，独特之处在于它是局部动态的摄影作品。例如，展示静态女子飘逸的秀发等效果，如图5-2所示。

图5-2

Cinemagraph在观感上与GIF格式的动画类似，但拥有远胜于普通GIF图片的动态内容表现能力，使用目前的摄影和后期技术已经能够获取画质细腻、色彩丰富、压缩较好的动态图片。Cinemagraph通常被称为High Fashion GIF、Rich Man's GIF。

3. 艺术类动图

艺术类动图的制作难度进一步加大，完全通过计算机软件进行制作，既需要完成平面设计，又需要进行动态加工，但自定义程度更高，在商业上的用途更加广泛。国外有许多艺术家团队创作了非常多的优秀作品，如Gifparanoia、Golden Wolf（见图5-3左图）、Julian Glander（见图5-3右图）、Rafael-varona、Scorpiondagger等。

图5-3

>> 5.1.2　新媒体动态设计的制作

　　影视片段类动图、摄影类动图、艺术类动图的制作方式各不相同。影视片段类动图的制作比较简单，目前比较稳定、好用且免费的软件是GifCam（见图5-4）。它非常简单易用，只需将软件置顶在所有窗口之上，就可以像相机一样调整录制区域，移动或缩放窗口，同时拥有强大的编辑功能，可以在动图上添加文字或图像。

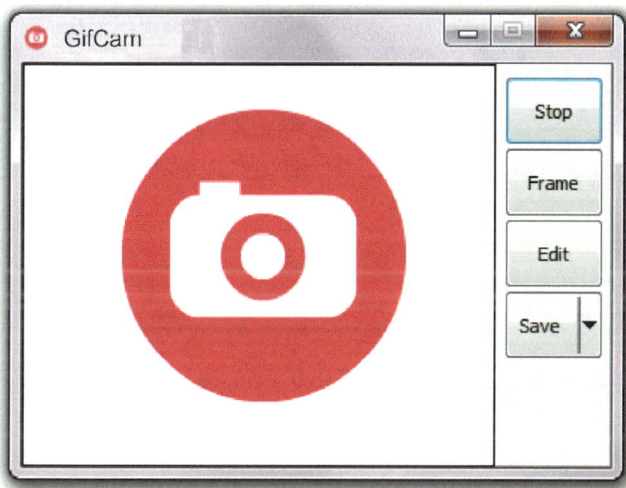

图5-4

　　普通摄影类动图可以用手机中的Live Photo功能或视频录制功能直接拍摄，制作Cinemagraph类动图除了用Photoshop制作外，也有非常简单的方式，市面上已经诞生了很多专门针对Cinemagraph制作开发的软件，如Cinemagraph（Flixel开发）、Kinotopic、Cliplet（微软开发）等，制作时只需先拍摄短片再涂抹"想要运动"的位置即可生成Cinemagraph动态照片，如图5-5所示。

　　艺术类动图的制作难度较大，大部分情况下需要先使用Photoshop（PS）或Adobe Illustrator（AI）制作静态图形，然后导入Adobe After Effects（AE）等动画制作工具添加动态效果，最后生成动图，所以需要同时掌握专业的平面设计和动画设计两类工具。

图5-5

要点回顾

● 根据动图的制作方式，可将动图分为3类：影视片段类动图、摄影类动图、艺术类动图。

● 影视片段类动图是指通过截取电影、电视剧、动画、综艺等视频中的片段，再通过添加字幕等方式来设计"动图"。摄影类动图一般是指由多张连续的照片连续播放制作的动图。艺术类动图的制作难度进一步加大，完全通过计算机软件进行制作，既需要完成平面设计，又需要进行动态加工，但自定义程度更高，在商业上的用途更加广泛。

设计实践

1. 利用 GifCam 软件制作一张影视片段类动图。
2. 利用 Cinemagraph 软件制作一张 Cinemagraph 动态照片。
3. 利用 PS、AI、AE 软件制作一张艺术类动图。

5.2 新媒体交互设计

在PC时代，设计师们就基于H5开发了众多交互性能强大的酷站。进入移动时代，交互设计师们更是如鱼得水，结合移动端的重力感应、竖屏显示、手势交互等全新功能，开创了全新的交互时代，朋友圈H5的进化史可以看作新媒体交互设计进化史。

交互设计的原理是通过传感器（感光传感器、音量传感器、压力传感器、湿度传感器、温度传感器、距离传感器、超声波传感器、倾斜传感器等）捕获外界物理信号，根据接口（USB、串口、火线接口、蓝牙、红外、射频等），通过一定的传输协议转化为计算机可以理解的数字或模拟信号，再通过特定的程序编译（Java、C++、Actionscript、processing等）处理，将捕获的信号结合其他综合素材，通过显示器或其他物理界面呈现给外界，经过新号的"输入→处理→输出"这一流程，实现人与计算机间的交互。

▶▶ 5.2.1 基于触觉的交互设计

1. 触摸传感器

1971年，Samuel Hurst博士发明了触摸传感器，这个传感器就是触控屏的雏形。三年后，他设计了第一款透明的触控屏。1977年，触控屏技术得到了很大的改善，一直到今天仍在被广泛使用并且飞速发展。

基于触控技术的发展，人们可以通过手指来触碰屏幕进行操作并接受反馈信息，实现人与界面的有效沟通与互动。与鼠标操作相比，手指的操作在多点触碰、滑动控制、模拟真实动作等方面占有很大优势。

目前，比较常见的基于触屏技术的交互操作有点击、长按、滑动、跟随等。点击交互最常见的应用在答题类H5及小游戏中，例如，顺丰丰修的H5广告"测测你的七夕情书"就属于典型的点击交互，用户选择对应的情感状态后，系统生成对应的测试结果，如图5-6所示。

许多公众号设计中采用的隐藏样式也是利用点击进行交互，一般需要读者去点击某块区域才能显示隐藏的图片或者文字。例如，公众号"我要WhatYouNeed"在推文《他们是最后一批，用固定电话谈恋爱的人。》中就使用了这种交互，如图5-7所示。

图5-6

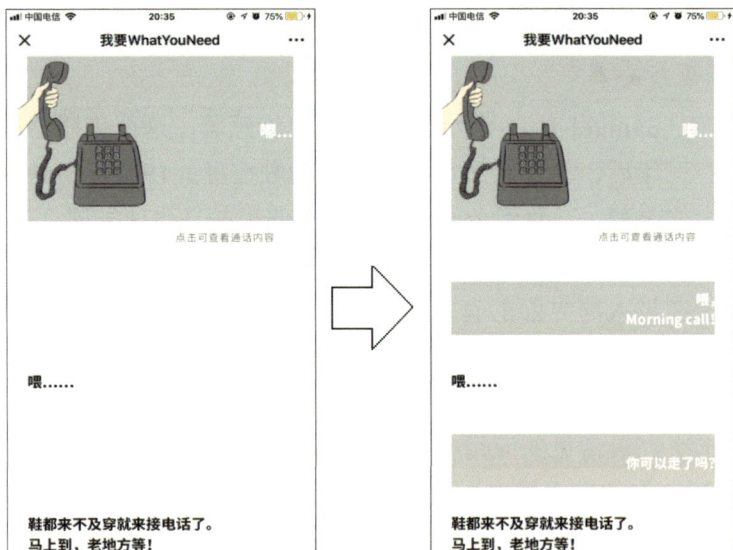

图5-7

《世界名画抖抖抖抖抖起来了》利用长按进行交互，长按界面就能切换到抖音界面，如图5-8所示。

一些公众号推文会将大段的文字或者图片集中在屏幕的一块区域。读者可以上下滚动该区域来查看完整内容。滑动样式的好处是将一部分文字或者图片内容收集在一个区域，从而使这些内容不占用过多的篇幅。读者可以自由选择是否滑动这块区域去查看内容。例如，公众号"梅赛德斯-奔驰"在推文《钥匙背后的秘密是……》中使用了滑动交互来展示奔驰"猎青行动"的优势，如图5-9所示。

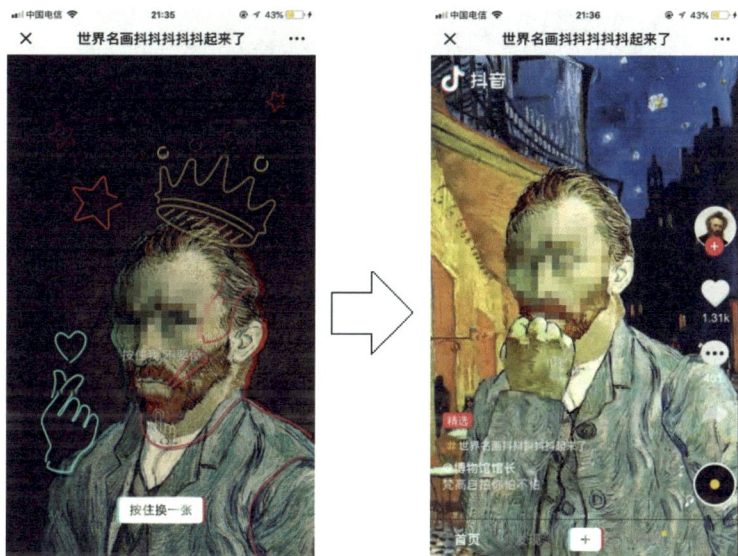

图5-8

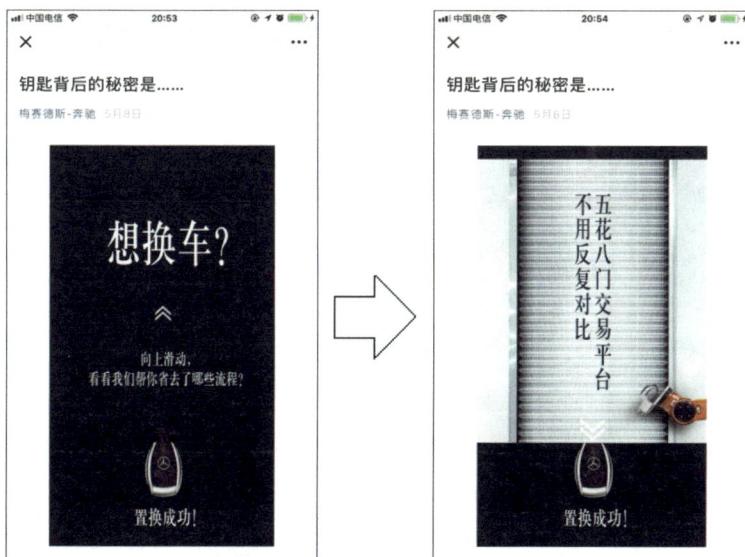

图5-9

2. 陀螺仪传感器

乔布斯发布世界上第一款带陀螺仪感应的手机时，让手机玩极品飞车等体感游戏成为可能，如图5-10所示。

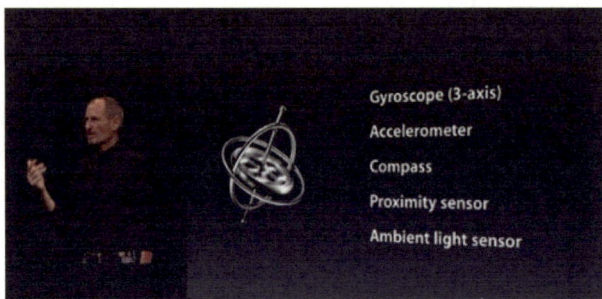

图5-10

当我们浏览重力感应类 H5 时，只要稍微移动或旋转手机，手机界面就会发生相应的变化。例如，网易出品的H5《抬头见喜》就巧妙地利用了重力感应，当用户抬起手机的时候，画面会由龙尾向上移动，直至出现龙头，如图5-11所示。

图5-11

重力与方向感应特征表现在界面与视觉设计方面并没有特殊之处，而重力技术的运用使得用户通过针对手持设备的移动直接反馈给游戏对象，同样是人与界面通过触觉交流的一种表现。

微信的"摇一摇"也是典型的利用陀螺仪传感器的功能。许多H5广告是基于摇一摇功能进行设计的，产生了非常有趣的交互效果。

加拿大啤酒厂商Farnham贴心地为球迷准备了一款互动装置。根据自家啤酒的度数，Farnham推出了一款"苦度沙袋"。人们可以把输球后的怨气发泄在沙袋上，根据沙袋受力的程度，装置会智能地给用户推荐相应度数的啤酒。击打沙袋越用力，得到啤酒的苦度相应越高，如图5-12所示。

图5-12

还有一款H5的动效不容忽视——Burberry 的《从伦敦到上海的旅程》。这款H5是当时交互体验的集大成者。"摇一摇"，进入H5页面；"点一点"，探索油画般的伦敦清晨；"擦一擦"，使屏幕上的晨雾散去；点击"河面"，河水会随之泛起涟漪；点击屏幕上的白点，抵达终点上海，如图5-13所示。

图5-13

5.2.2 基于视觉的交互设计

基于视觉的交互设计使用的核心工具是摄像头。例如，《人民日报》推出的《穿上军装》H5就采用了手机摄像头拍照并显示在最终海报中的方法，如图5-14所示。

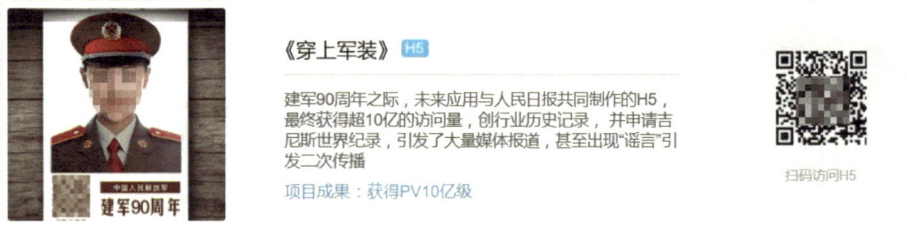

《穿上军装》 H5

建军90周年之际，未来应用与人民日报共同制作的H5，最终获得超10亿的访问量，创行业历史记录，并申请吉尼斯世界纪录，引发了大量媒体报道，甚至出现"谣言"引发二次传播

项目成果：获得PV10亿级

扫码访问H5

图5-14

2017年9月，在阿里巴巴发起的"人人3小时，公益亿起来"活动中，采用了"与明星视频聊天"的交互式。在淘宝App搜索栏中输入"人人3小时""95公益周"等关键词，就会出现部分著名艺人，以视频互动方式在"3小时公益"平台亮相，和网友"面对面"聊公益。

摄像头结合人脸识别技术，又可以有新玩法，如Kraft Foods的一则广告，通过识别用户嘴形来匹配弯曲程度，如图5-15所示。

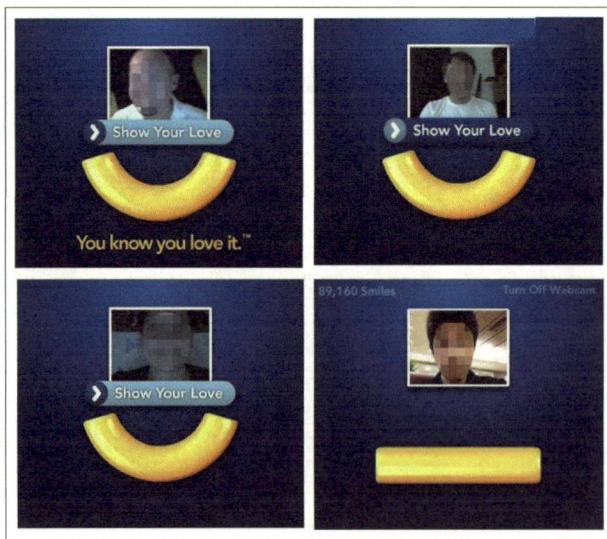

图5-15

例如，Tic Tac 发布了3款不同口味的口香糖。玩家需要先吃一颗 Tic Tac 的口香糖，然后靠"嚼"来控制 Snapchat 滤镜游戏里的小人。手机的前置摄像头会捕捉玩家嘴部的动作，如图5-16所示。

图5-16

针对不同的味道，Tic Tac还设计了两款风格不同的游戏。一旦反应慢了一拍，没有控制好咀嚼的节奏，你就会被路面上的鳄鱼或是海上的鲨鱼所吞食，如图5-17所示。

图5-17

也可以采用摄像头结合动作识别技术。例如，Nike为推广鞋子曾经做过一次户外广告，广告牌一开始是全黑的，旁边的广告语是"动起来才能看到广告"，也就是说只有当用户经过的时候广告牌才会显示，如图5-18所示。

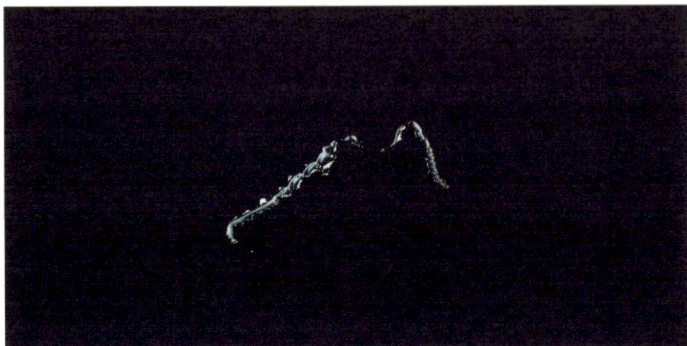

图5-18

　　在新西兰广告公司Resn为GAP打造的一支广告中，用户仅仅穿上普通的条纹衫，对准摄像头舞动，即可制作出完整的音乐，如图5-19所示。

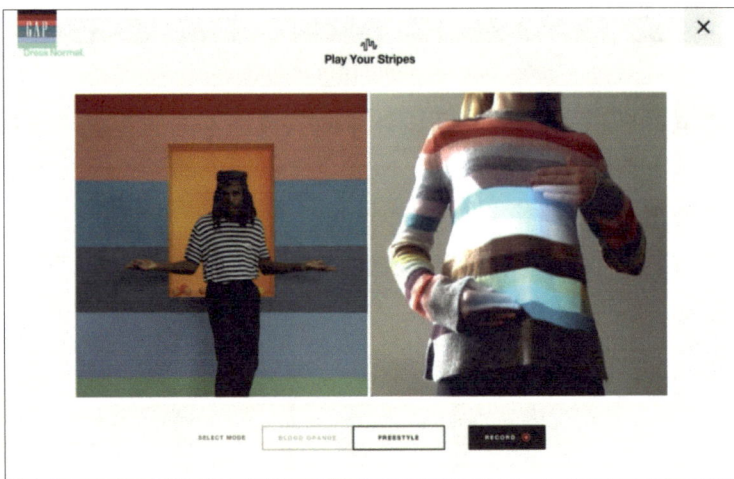

图5-19

　　Resn开发的系统能自动分析图像中的颜色变化来定位条纹的边界和分清不同的区域，跟踪用户手部运动来量化节拍和处理混音，将用户舞动的画面转化为音乐，如图5-20所示。

　　比利时ALS（肌肉萎缩症）组织搭建了一个公益网站，在整个网站中不能使用鼠标，只能打开摄像头，让系统捕捉用户的眼睛，用户只能利用眼睛来控制输入，闭眼代表点击，就好像ALS病患平时做的一样，如图5-21所示。

图5-20

图5-21

此外，摄像头还可以和VR、AR技术结合。VR广告还在萌芽期，AR已经迅速火起来了，部分原因是AR并不依赖其他穿戴设备，Snapchat经常在其平台上搞AR活动。AR也已经悄然进入移动网页和其他App了。天猫、淘宝、京东、谷歌、苹果都可以提供简单的开发工具创造AR体验。部分淘宝店铺支持用户在虚拟世界中试用产品，使购物体验更加真实。例如，你要买一个垃圾桶，想看一下买回来后放在家里的效果，就可以用"AR购物"功能体验效果，如图5-22所示。

图5-22

5.2.3 基于听觉的交互设计

基于听觉的交互设计使用的核心工具是话筒（基于音量传感器制作）。Axtel的广告建立了一片即将消失的模拟森林，用户通过对话筒喊话来阻止森林消失，声音越大，效果越明显，如图5-23所示。

图5-23

2018年9月荔枝FM推出的H5"声音艺术馆"引导用户录制自己的声

音，并生成用户声音的鉴定海报，包含音乐画作、音色鉴定、音色评分和声音密码等，如图5-24所示。

图5-24

百事可乐和 Alexander Wang 携手，推出百事可乐无糖 alexanderwang × pepsi 联名限量系列"为原创正名"。拨打电话或扫描二维码，用户将接听 Alexander X pepsi 的紧急神秘来电，如图5-25所示。

图5-25

》 5.2.4 基于嗅觉的交互设计

以夸张、魔性著称的男性护理品牌 Old Spice 近日在 GQ 杂志上刊登了一则平面广告，在广告内页放置着一件红色的一次性纸外套，这件纸外套符合人体尺寸大小并带有Old Spice 的香氛味道。当读者打开 GQ 杂志，翻阅到这一页时，猝不及防就会感受到"男人的香气"。当然你还可以把这件纸外套穿在身上，体验被"男人香气"包围的感受，鲜艳的红色也能引来超高的回头率，如图5-26所示。

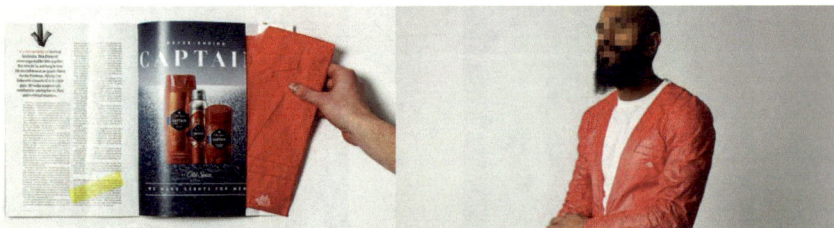

图5-26

宜家在迪拜Good杂志背面刊登的一支广告令人耳目一新。拆去杂志前面的内容，宜家特别设计了能提高人类睡眠质量的小工具。这个小工具有两个小"心机"：首先，用薰衣草油墨印制的图案，其中正面的图案由宜家的床垫产品组成，可以持续释放香气；其次，这个小工具还可以折叠，插上 USB，就可以播放白噪声，如图5-27所示。

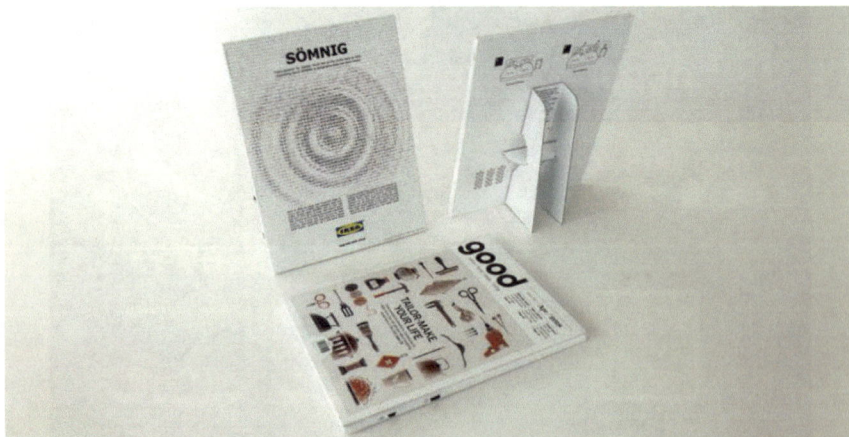

图5-27

要点回顾

- 人类有五感，即视觉、听觉、嗅觉、味觉、触觉，交互设计的本质是通过科技将人类的五感赋予机器，使人与机器能够实现双向的沟通。
- 比较常见的基于触屏技术的交互操作有点击、长按、滑动、跟随等。基于视觉的交互设计使用的核心工具是摄像头。基于听觉的交互设计使用的核心工具是话筒。

设计实践

1. 收集 2 个基于触觉交互的新媒体设计案例，并分析其设计的优缺点。
2. 收集 2 个基于视觉交互的新媒体设计案例，并分析其设计的优缺点。
3. 收集 2 个基于听觉交互的新媒体设计案例，并分析其设计的优缺点。
4. 收集 2 个基于嗅觉交互的新媒体设计案例，并分析其设计的优缺点。

第6章
新媒体视觉设计实战

所有理论的学习都是为实践做铺垫的，设计更是如此。本章我们将以公众号"纵享惠州"和"草莓学堂"为例，演示如何将理论融会贯通，运用在实践中。

6.1 公众号"纵享惠州"设计实战

6.1.1 明确用户需求

公众号"纵享惠州"创办于2018年5月，是专门推荐惠州本地吃喝玩乐的区域公众号，目标用户主要包括惠州本地喜欢娱乐的年轻人及外地来惠州游玩的游客。

因为它属于娱乐类型的公众号，目标群体又多为年轻人，所以视觉设计应该个性鲜明，时尚新鲜。本地娱乐类公众号中的照片非常多，照片的风格是整体设计中很重要的一个环节。

6.1.2 分析竞争对手

通过微信搜索和平常观察发现，"纵享惠州"的主要竞争对手有in0752、吃喝惠州、西柚生活、美食惠州、惠州优选、惠州美食圈、惠州美食台、惠州好活动等，如表6-1所示。

表 6-1　惠州本地美食公众号分析

	平均阅读量	平均点赞量	朋友关注量	所属公司	定位	更新频率	相关小程序/App
in0752	8000+	20+	102	惠州青城传媒有限公司	好吃好玩的城市生活指南	较稳定，平均1～2天一篇	超人不会飞蛋糕商城
吃喝惠州	10 000+	20+	151	惠州半城传媒有限公司	惠州吃喝玩乐攻略和资讯	稳定，平均2～4篇/天	半城精选、惠州好店、爱美买卖社、溜娃百宝箱、精选惠阳（小程序）、半城生活（App）
西柚生活	3000+	10+	70	惠州市西柚文化传播有限公司	惠州生活不止时尚	稳定，平均1～2篇/天	西柚星球（H5）

	平均阅读量	平均点赞量	朋友关注量	所属公司	定位	更新频率	相关小程序/App
美食惠州	10000+	20+（评论较多）	69	惠州市西子湖畔网络有限公司		稳定，平均1篇/天	惠州优选
惠州优选	1000	<10	5	广东西子科技有限公司（西子湖畔）	本地生活消费衣食住行、吃喝玩乐优选	不稳定，平均1~2周一篇	优选商城
惠州美食圈	5000+	10+	137	广州云灯网络科技有限公司	惠州吃货的必备宝典	较稳定，平均1~2天一篇	惠州精选商城（H5）
惠州美食台	2000+	10+	8	惠州市索罗摩网络科技有限公司	探店短视频	不稳定，平均一周一篇	
惠州好活动	<1000	<10		广东西子科技有限公司（西子湖畔旗下活动平台）	观影、狼人杀、音乐舞蹈、插花、烘焙、咖啡、户外运动、探险、自驾	不稳定，平均一周一篇	全城好活动

公众号头像的设计都是以文字型为主的，如图6-1所示。

图6-1

"吃喝惠州"的头像比较独特，是一个卡通形象，如图6-2所示。

图6-2

以上竞争对手中，只有"in0752"和"吃喝惠州"形成了较为明确的品牌风格，所以接下来重点分析这两个公众号。

1. in0752

"in0752"的封面设计比较随意，就是以文章内的一张照片作为封面，没有任何品牌标记，如图6-3所示。

东莞头牌"网红"空降淡水，真好！

这一次，他终于来了！

图6-3

文章开篇部分的设计比较精致，最上方的公众号简介是动态的，简洁的同时不失设计感，头图部分叠加了音频，也是一种非常有设计感的设计，如图6-4所示。

图6-4

结尾部分分为"活动信息""今日互动""商家信息""精选推文""作者简介""二维码"6个模块，统一为红黑色调，和品牌主色调高度吻合，而且统一采用了极简像素风格，品牌整体感很强，如图6-5～图6-7所示。

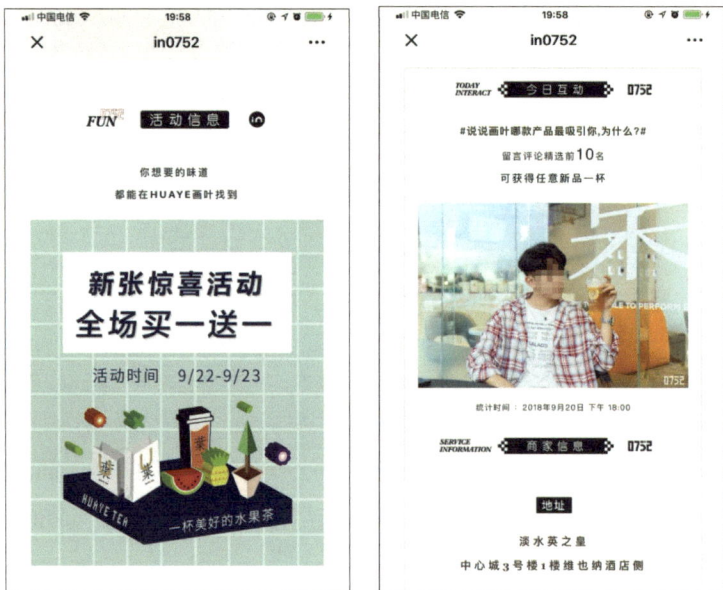

图6-5

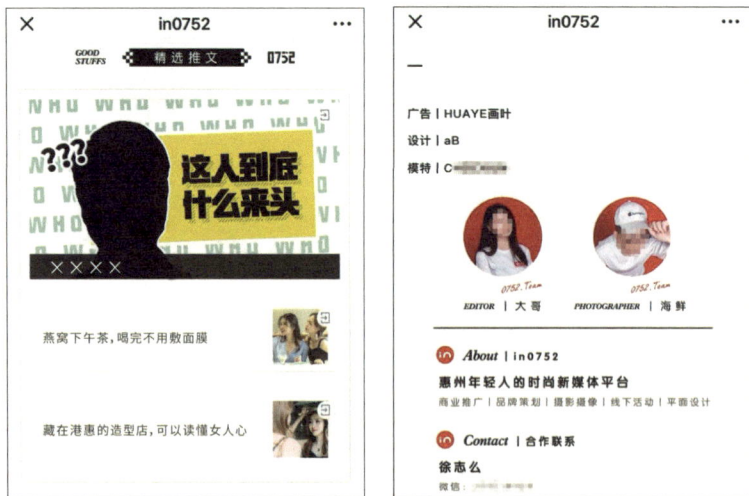

图6-6

图6-7

　　"in0752"的场景图片、产品图片采用的都是小清新风格,右下角会有0752的专属水印。场景图片比较有特色的地方在于,每一篇推文中都有一个专属模特,大部分的场景和产品展示都是结合模特一起拍摄的,这样可以让整个照片更有生气,如图6-8所示。

图6-8

"in0752"的产品图片也非常用心，如图6-9所示。

图6-9

2. 吃喝惠州

"吃喝惠州"的主色调是黄色和黑色，风格以手绘为主，除了开头的模块介绍及结尾的二维码形式较为固定外，正文部分并未形成固定的模式，稍显混乱，如图6-10和图6-11所示。

特色的区域在于文尾根据品牌特色增加了手绘风格的"饿魔·小剧场"，大大提高了文章的趣味性，如图6-12所示。

文尾设置的作者私人号的二维码也能进一步提高粉丝黏性，如图6-13所示。

图6-10

图6-11

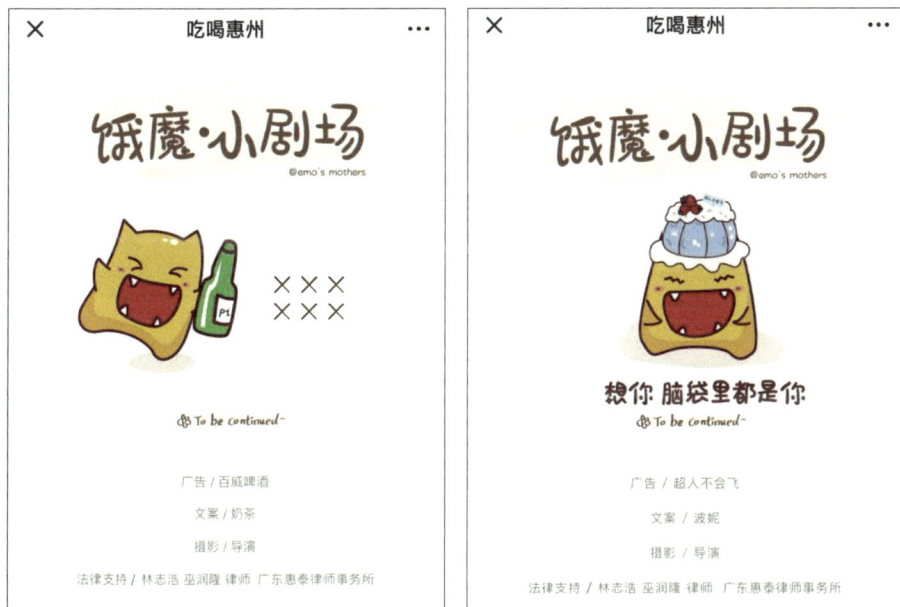

图6-12

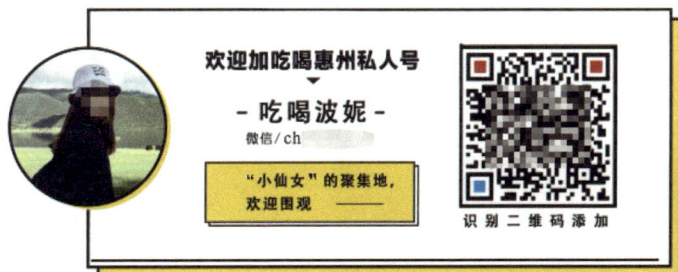

图6-13

6.1.3　确定设计风格

鉴于国内美食类公众号同质化现象严重，我们尝试从国外优秀的美食杂志、漫画中寻找灵感，如独立美食杂志《The Gourmand》《Gather Journal》《Chickpea》等，如图6-14所示。

图6-14

再如漫画《孤独的美食家》（见图6-15）、《深夜食堂》（见图6-16）。

图6-15

142

图6-16

通过头脑风暴的方式，经过讨论决定采用国内美食公众号中比较缺乏的故事型叙述，而且结合漫画的形式展开。为了减小工作量，并增强创意，我们采用真人漫画的形式，先拍摄场景图，然后利用图片处理软件转换成漫画形式。

》 6.1.4 完成设计草案

根据前面总结出来的思路，我们在Google、百度、微信、Behance、花瓣、设计帝国、设计之家等网站上搜集设计素材，制作情绪板，如图6-17所示。

最终设计的品牌Logo、封面、品牌标语、正文部分、作者简介、二维码如图6-18～图6-23所示。

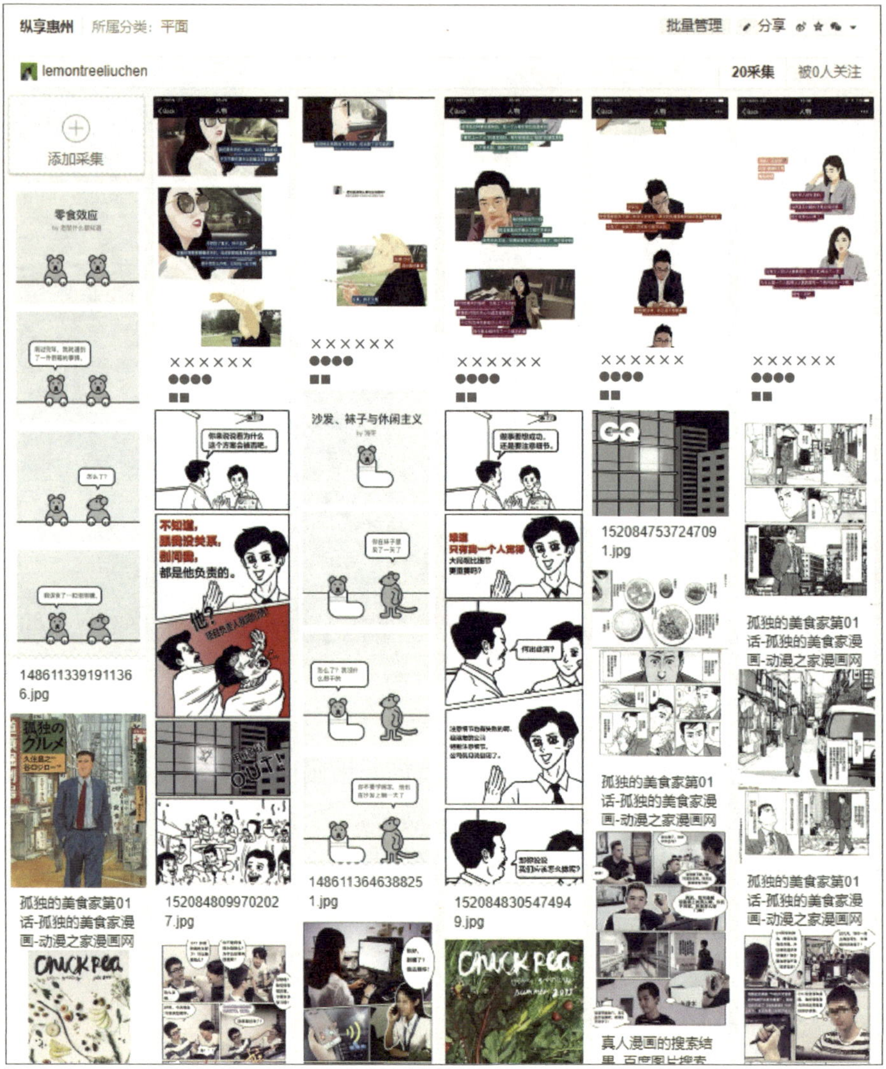

图6-17

图6-18

图6-19

图6-20

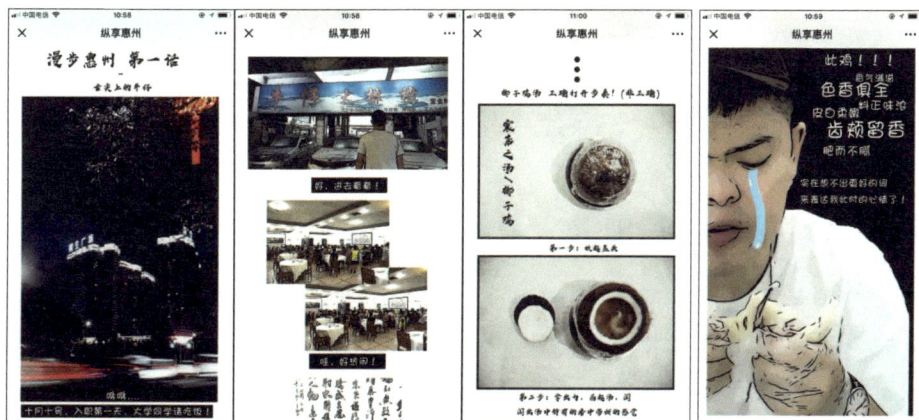

图6-21

图6-22

图6-23

6.2 公众号"草莓学堂"设计实战

6.2.1 明确用户需求

"草莓学堂"是琛姐在2017年3月创办的，是专门提供新媒体深度干货的公众号，属于学术类公众号。用户关注公众号的核心目的是查看新媒体干货，所以用户对公众号视觉设计的期待并不会太高，只要逻辑清晰、简单易读，就能够满足用户的期望了。

如果能在保证质量的前提下提供超出用户预期的设计，无疑能进一步

提升用户好感度。《哈佛商业评论》《国际品牌观察》等知名学术期刊的
设计就非常吸引用户。

》》6.2.2 分析竞争对手

　　通过新榜的搜索和平常的积累，可以发现"草莓学堂"的竞争对手主
要有"插坐学院""馒头商学院""运营研究社"等。这些公众号的设计
风格非常接近，都是严谨、现代的风格，色调以冷色调为主，字体以黑
体为主，它们的公众号头像、公众号封面、引导关注、小标题、引导阅
读、二维码设计如图6-24～图6-29所示（每幅图从左至右依次是"插坐学
院""馒头商学院""运营研究社"）。

图6-24

图6-25

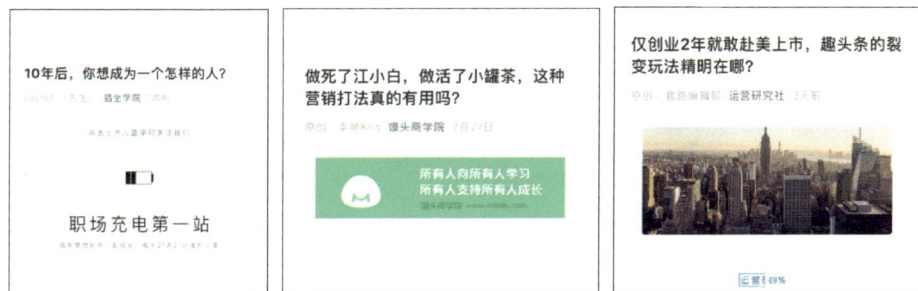

图6-26

图6-27

图6-28

图6-29

　　"插坐学院"在文章中间插入了精心制作的、带二维码的金句名片，方便用户分享到朋友圈，是一种很好的引流方式，也体现了品牌设计上的差异化，如图6-30所示。

图6-30

>> 6.2.3　确定设计风格

　　不管竞争对手使用怎样的风格，极简风格都是干货类公众号的首选，因为这样可以让用户更专注地阅读内容。为了和竞争对手在设计上进行区分，可以在色彩和字体上进行差异化设计。

　　品牌Logo很早就已经确定，主色调也是选自Logo的色系（代码"#e94b22""#fffcf3""#333335"），更改成本很高，一般不建议更改，所以我们的设计在现有Logo和主色调的基础上进行，如图6-31所示。

图6-31

　　因为是个人号，前期运营的经费有限，所以字体尽量从免费字体中选择，同时考虑到要和竞争对手选择的黑体实现差异化，以及和Logo的搭配，最终选择站酷小薇Logo体作为品牌标准字体，如图6-32所示。

站酷小薇 Loge 体

图6-32

此外，"草莓学堂"是个人号，可以融入个人偏好的风格，体现个性。琛姐本人比较喜欢复古、简单、暗黑的风格，所以在标准色的基础上加入黑色和白色，这样的配色不仅可以增强个人风格，而且能尽量减少颜色对用户的打扰，延长停留时间。

》 6.2.4 完成设计草案

根据前面总结出来的思路，我们在Behance、花瓣、设计帝国、设计之家等设计网站上搜集极简、黑白、复古、学术等类型的杂志、网页设计案例，制作情绪板，如图6-33所示。

图6-33

封面、品牌标语、正文部分、二维码的最终设计如图6-34～图6-37所示。

图6-34

图6-35

图6-36

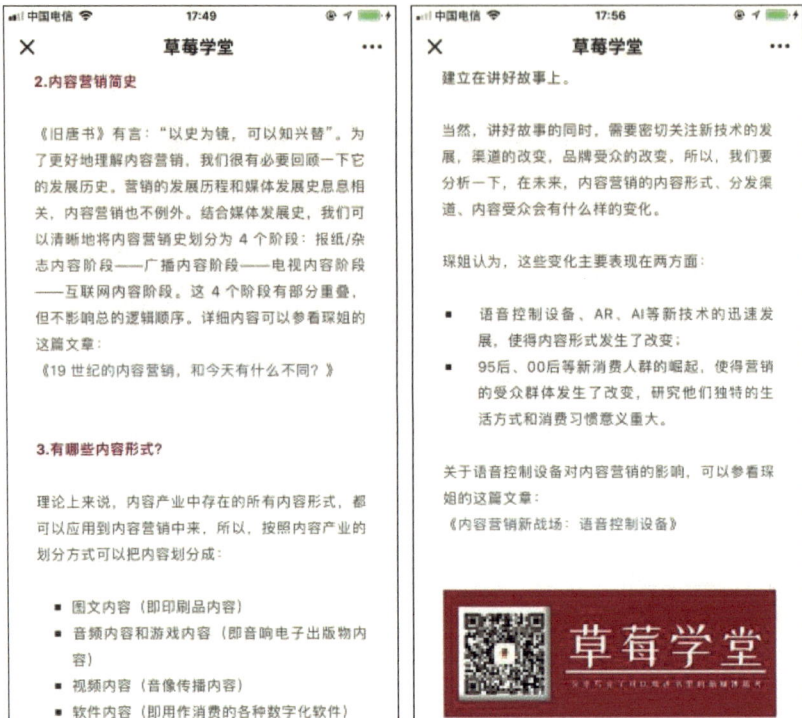

图6-36（续）

图6-37

要点回顾

新媒体视觉设计的主要流程包括明确用户需求、分析竞争对手、确定设计风格、完成设计草案4个环节。

设计实践

在科技圈掀起极简主义潮流的苹果公司，在设计微信官方公众号时却没有延续这一理念。仔细研究极简设计风格，以及苹果的官网、产品等的设计风格，对苹果的官方微信公众号进行再设计，如图6-38所示。

图6-38

第7章

新媒体视觉设计职业规划

　　新媒体视觉设计的就业主要有两条渠道：一是服务品牌新媒体部门，为专一的新媒体品牌做视觉设计，风格和情感都比较固定，难度相对较小；二是加入新媒体设计公司，为不同的品牌定制新媒体视觉方案，风格多变，挑战更大。

7.1 服务品牌新媒体部门

典型的新媒体品牌，如企鹅吃喝指南、HFP、有车以后、凯叔讲故事、书单等，都需要专业的新媒体视觉设计师。

例如，"书单"对新媒体视觉设计师的职位描述如图7-1所示，具体要求如图7-2所示。

职位描述：

☞工作职责：

1. 负责新媒体版面设计、公众号文章视觉设计、制作、优化等工作；

2. 负责书单有赞商城、小程序等推广渠道的素材设计与制作，研究消费心理和设计的关系，提升用户体验，促成转化；

3. 负责品牌运营及推广活动的H5专题设计制作及动效展示；

4. 负责公司形象展示宣传，产品图册设计，宣传册设计等平面类设计；

5. 负责部分视频剪辑、编辑工作。

图7-1

☞我们希望你：

1. 有1年以上工作经验，视觉传达相关专业本科学历；

2. 有创新思维，新锐不落伍的设计理念及优秀的视觉表达能力；

3. 具有良好的美术功底，审美能力，能独立完成线上线下推广创意与实施；

4. 思维活跃，对网络传播有自己独到的见解，有新媒体、互动营销相关工作经验优先；

5. 具有灵活高产的创意思路，能根据品牌市场营销需求迅速产出实效创意；

6. 有良好的抗压能力，优秀的合作态度及团队精神，并富有工作激情，创造力和责任感；

7. 熟练使用PS、AI、AE、PR等相关设计软件。

图7-2

"有车以后"的岗位职责和任职要求如图7-3所示。

可以看出，服务品牌新媒体部门的视觉设计师主要的职责是品牌微信、微博、H5等新媒体渠道的设计，掌握PS、AI、AE、PR等软件是必不可少的技能。手绘能力会为自己加分，准备一系列成熟的优秀作品可以让应聘成功的可能性更大。

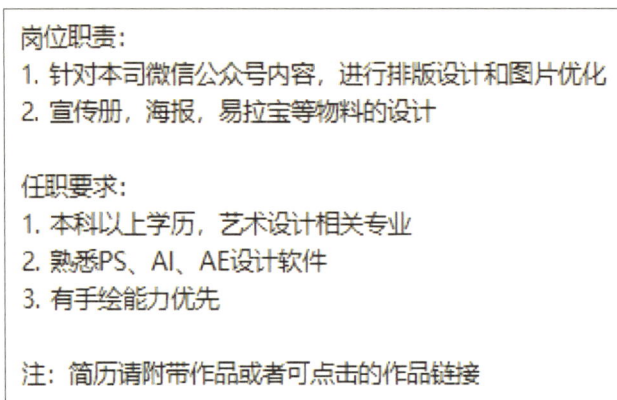

岗位职责：
1. 针对本司微信公众号内容，进行排版设计和图片优化
2. 宣传册，海报，易拉宝等物料的设计

任职要求：
1. 本科以上学历，艺术设计相关专业
2. 熟悉PS、AI、AE设计软件
3. 有手绘能力优先

注：简历请附带作品或者可点击的作品链接

图7-3

7.2 加入新媒体设计公司

随着新媒体的迅速发展，新媒体设计公司越来越多。其中，一部分是从大型互联网公司中独立出来的，如腾讯旗下的TGidears、网易旗下的网易新闻哒哒工作室等；一部分属于老牌营销公司，如"北京电通"；但绝大部分是由新锐设计师在近5年内新成立的，如国内最早开始做H5营销的W公司、微信长图的奠基者"局部气候调查组"等。

1. TGideas

TGideas成立于2008年，隶属于腾讯互动娱乐事业群，专注于体验设计、营销创新及内容创意。TG是Tencent Games（腾讯游戏）的缩写，ideas代表创意和想法，成立初期的定位是成为"腾讯游戏的点子团队"，在产品包装、运营支撑、广告创意和社区建设等方面提供优质的体验设计服务。后来，随着腾讯游戏升级为腾讯互动娱乐，团队的服务领域也慢慢开始从游戏层面拓展到品牌建设和营销创新等领域，创造出《穿越故宫看你》等大热的H5。

团队由专业的内容企划、项目管理、创意策划、视觉设计、技术开发、多媒体人才构成。"努力工作，拼命玩"是团队的信条，团队乐于通过多样化的作品帮助产品与用户建立有效的沟通机制与情感链接、实现真正意义上的商业价值。

2. 网易新闻哒哒工作室

哒哒是网易新闻孵化的一个新媒体团队，其核心是通过为年轻人打造趣味内容来不断提升网易新闻品牌影响力，如图7-4所示。创立前期，哒哒以生产趣闻内容为主。在2016年年底，哒哒开始转变内容方向，日常生产一些有趣的原创内容，"用最短的时间，带你看最酷的世界"。除此之外，网易新闻哒哒工作室还会定期制作好玩有创意的H5和条漫内容，通过有趣的内容体现网易新闻的"各有态度"品牌内涵，进一步深化网易新闻在年轻群体中幽默、乐观、机智的品牌个性。之前做的爆款H5非常多，如《睡姿大比拼》《纪念哈利·波特20周年》等。

图7-4

3. 北京电通

北京电通是最早进入中国的外资广告公司，秉承电通集团"Good Innovation"的企业理念。北京电通24年来不断引领中国广告行业的发展和创新，在不断提升与强化创意、数字、体育、娱乐内容营销等专业领域的同时，充分发挥了全体员工的想象力，将技术融入创意。

在Campaign Brief The Work 2018榜单中，北京电通以13件作品入选，位列中国区第2名。他们为肯德基十翅一桶打造了一个"翅粉乌托邦"，告诉每个人"生而不同，但馋起来是一样的"，让不同人设的你们成为"天生翅粉"；携手上海国际医学中心，研制缓解新生妈妈育儿压力的"新药"——《The Healing Cry》，并凭借此作品荣获国际艾奇奖母婴健康类银奖；还有德克士泰国风味的神转折广告，看一家老小如何"分享"餐桌上唯一的一个鸡腿，爆笑刷屏。

4. 锦鲤互动

锦鲤互动（Koikreative）于2014年在北京成立至今，为众多国内外一线品牌提供了优质的创意设计服务，客户包括Cartier（卡地亚）、Mercedes-Benz（梅赛德斯-奔驰）、北京SKP、国贸商城、Galeries Lafayette（老佛爷百货）、Vogue服饰与美容杂志、The Color Run（彩色跑）（中国）、Apple（苹果）（中国）、China Mobile（中国移动）、中国国家博物馆等。

作为一家以数字互动作品为主的创意代理公司，锦鲤互动一直为客户提供优质的视觉解决方案、创新的互动化思维，以满足客户的不同需求。主理人员均毕业于伦敦艺术大学，有4A广告公司及国际一线服装品牌的工作背景。近年来，锦鲤互动出品的数字作品在内容和形式上不断创新，创作出了一个又一个具有代表性的H5作品，如北京国贸商城——2017春天的盛宴3D VR 寻宝游戏、北京SKP－3D情人节特刊、多种交互形式并存的SS16老佛爷百货流行趋势+新品上市发布、Bape中国5周年纪念主题游戏、悦己杂志新年特别策划——悦能量盒等，作品被爱果果等业内专业网站评为H5最佳年度案例，并获得了IAI国际广告节奖项，如图7-5所示。

锦鲤互动的设计实习生要求如图7-6所示。

5. 局部气候调查组

"局部气候调查组"于2016年成立，由4个人发起，包括两个设计师、一个艺术家和一个科研工作者。"局部气候调查者"是专注科普的原创内容品牌，是知识的雕琢者，也是"局部气候""长图叙事风格"的原创者，如图7-7所示。

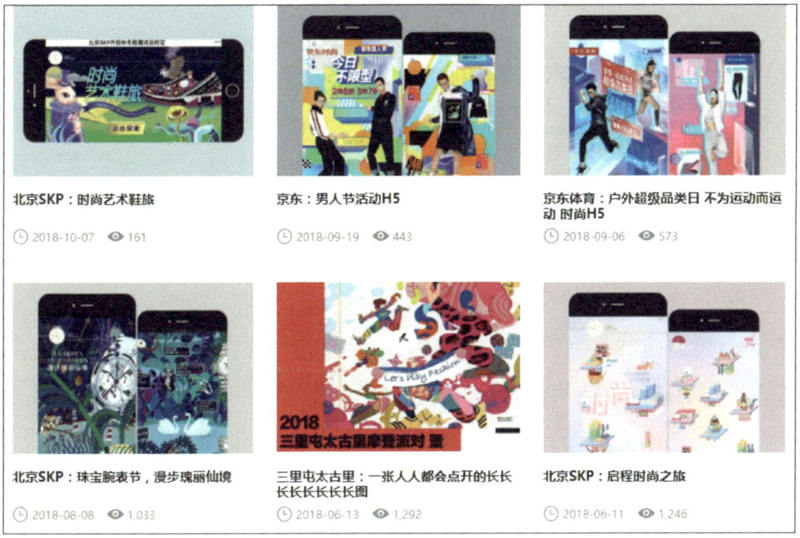

图7-5

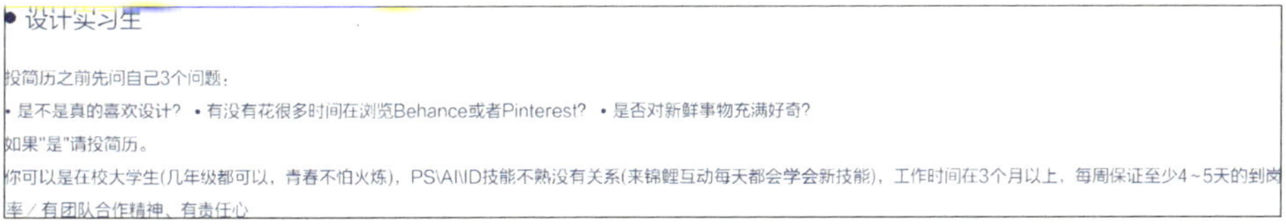

设计实习生

投简历之前先问自己3个问题：

• 是不是真的喜欢设计？ • 有没有花很多时间在浏览Behance或者Pinterest？ • 是否对新鲜事物充满好奇？

如果"是"请投简历。

你可以是在校大学生(几年级都可以，青春不怕火炼)，PS\AI\ID技能不熟没有关系(来锦鲤互动每天都会学会新技能)，工作时间在3个月以上，每周保证至少4～5天的到岗率／有团队合作精神、有责任心

图7-6

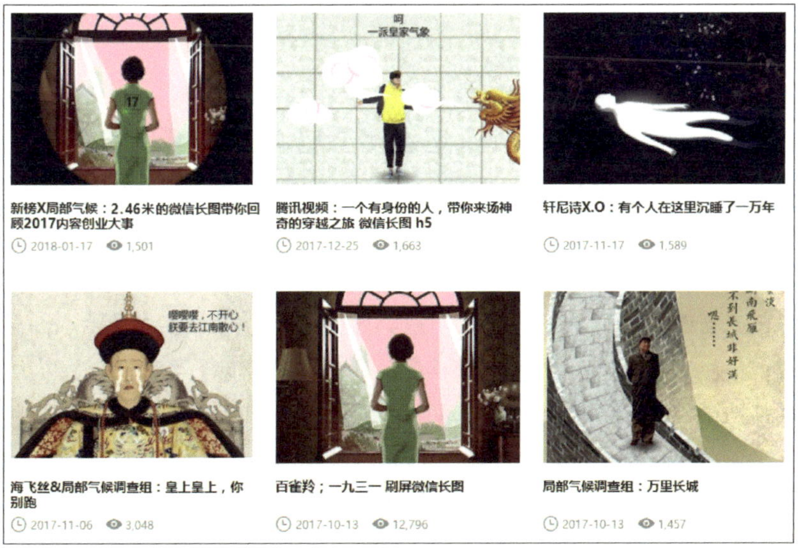

图7-7

6. VML

VML（互动营销）深度融合国内顶级的创意精髓和技术驱动，凭借对新媒体策略的通透掌握，领导并建设以"i"为主导的整合性互动营销体系，引爆几何级的高效传播，令客户需求回报极大化，完美匹配灵动多变的Web 2.0时代。

团队由经验丰富的Web 2.0互动媒体运营者、屡获国际互动大奖的资深广告人、深谙Web 2.0数字营销的广告主组成，构筑强强组合的Web 2.0互动营销金三角，掌握领先的Web 2.0前沿技术，深度理解互动行业与消费者。团队拥有国内顶级的SNS平台技术专家，以超过10年的互动技术开发经验，设计足可承载千万量级访问的社交平台，轻松驾驭社交游戏、App策划开发。在移动互联网领域，拥有丰富的iOS、Android及其他主流移动平台开发经验。

VML与四大门户媒体、SNS主流媒体保持战略伙伴关系，组建高质量、高互动的网络意见领袖策略联盟。它拥有搜索营销服务与优化体系、网络广告效果跟踪分析、目标用户网络行为跟踪分析、SNS活动效果及参与行为分析、WOM的影响力分析。合作伙伴包括百事（百事可乐、七喜、纯果乐）、海尔、戴尔、苏宁、蒙牛、大众、美宝莲、森马、佳得乐、蓝汛、安婷、Lumi、Wrangler。

7. FRED & FARID

FRED & FARID（佛海佛瑞）是一家由Fred Raillard和Farid Mokart两位F先生共同创立的法国独立创意公司，为品牌提供SOCIAL、CONTENT、TECH SOLUTIONS，拥有两家整合广告传播公司和一家以互动为核心的活动公司。自2011年起，FRED & FARID已经与300多个品牌合作，获得800个国际创意类奖项。

FRED & FARID作为一家以创意为主导的创意热店，设计了许多优秀的案例。例如，给外卖平台"饿了么"研究的"可食用筷子"；为淘宝新势力周打造的"出格要趁早"；还有淘宝《2017 时代宝贝》的魔性视频，用宝贝来记录时代，记录时代的脉搏。在我们看来，FRED & FARID 作品的精彩之处在于，它能反映出 FRED & FARID 对于世界的思考，并且这些思考要么深刻、要么有趣。

8．S-LAB

S-LAB（环时互动）是一家基于受众洞察，整合多种创意方式，聚焦社交网络，协助品牌和产品扩大其社会化影响力，从而促进社会化销售达成，以创新为生命线和竞争力的新形态传播公司，先后创造了"可口可乐昵称瓶"等一系列成功案例，获得多个国内外知名奖项。

9．INTERESTING

INTERESTING（原名Z）是一家提供360°信息可视化解决方案的传播团队，自2015年成立以来，不断在创意表现上寻找突破，以帮助广告主在丰富多样的媒体平台上提供最抓眼球的可视化解决方案。

INTERESTING为"知乎盐 Club"新知青年大会预热打造了《平行世界的你》H5，让大家不由地好奇平行世界的我到底活成了什么样；又给知乎开了一家不卖商品的问答概念商店"A store of Q&A"，迎客"问题青年"，116 种换上了知乎包装的日常商品，将生活的琐碎升华成点点新知，让新知青年一跃成为"热门标签"；知乎"发问全宇宙"的主海报、知乎世界杯借势平面等也是 INTERESTING 的小爆款，这些视觉化的作品正挖掘着品牌的潜力。

10．鲸梦文化

鲸梦文化是一家专注原生内容研发的广告营销代理商，在创作研发针对不同受众群体的原生娱乐内容的同时，将品牌传播与其完美结合。成立至今，鲸梦推出了虚拟偶像鲸鱼岛乐队、《小鲸采》栏目等原生内容，也为各类国内外知名品牌提供了多样化的品牌传播。

会玩的公司传播一般都不会太差，这家拥有虚拟乐队的广告公司也玩出了一些有趣的案例：可爱的"大眼萌小剧场"动画短剧集，让欧普照明照亮你的梦，又实实在在把你萌醒；为"每日优鲜"拍摄的一系列《你也很好吃》魔性视频，把食物拟人化，玩出花样，让人不由把广告当成电影；在京东家装节期间打造一座"新生活映像馆"，展示"你"理想的家居环境，引发热议；为百度外卖带来一支暖心广告，告诉你人生不过76 000多顿饭，每顿饭都值得被用心对待，感人至深。鲸梦文化就像是别具一格的人聚集在一起，用创意向时代发声。

11. Madmonkey

Madmonkey是一家以出类拔萃的创意为客户解决不同需求的独立广告公司，由新一代年轻的创意界领军人物luc领导，自2016年成立至今，发展势头迅猛，获得了互联网独角兽"知乎""饿了么""抖音"、引领未来的"新能源汽车""无人便利店"以及一众国际快消品牌客户的高度认可。娱乐、视频、事件活动等都是他们所触及的空间。

其实，抖音为记录美好生活做的不少事中也有低调的 Madmonkey 的一份力，如从抖音用户日常取材设计了一系列"抖音美好日记"地铁广告；又如"美好生活喵斯卡"H5 将抖音上最火的几段音乐配上"喵星人"的表演，吸"睛"无数。"有趣"是我们对于这家公司最直接、最深刻的印象，这点从他们的作品中就能看出来。 Madmonkey 自己也说要做世界级的创意热店，为这个无聊的世界创造点有趣的创意。

12. 氢互动

氢互动是国内最大的互联网营销公司之一，是一家基于移动互联网的轻形态内容营销服务商，倡导轻快有效的移动互联网传播形态，注重策略与创意，强调原生内容，并配以轻技术、轻投放、轻互动形式，打造实效型移动内容营销解决方案。

有时候，猝不及防，我们就被某支 H5 刷屏了。2018年年初，氢互动为神州专车制作的H5《Michael王今早赶飞机迟到了》就是这样， H5视频讲述了 Michael 王一路旋转跳跃赶飞机的悲惨故事，在朋友圈里悄然发酵，然后全面刷屏，让无数人为 Michael 王捏了把汗。其实他们的作品中，这样轻、快、爆的案例还有很多，例如让很多人大呼"扎心"的浦发银行H5《欢迎来到 27% 的世界》等。其实，现在像"氢互动"这样专注于轻、快、爆的公司也不少，但他们不一样的玩法还是很吸引人。

13. 意类广告

意类广告是广告界的"异类"，成立于 2014年4月，是一家有着 4A 创意背景的广告跨界合作公司。他们打破了传统广告公司的模式，没有模式是意类的创新模式。在这里，创意人没有门槛，既要思考，又要动手：思考的时候，要有策略的高度；动手的时候，要有掌控的力度。

意类广告说过："未来我们肯定是要以作品为首要重任，把意类打造成不大，但让人印象深刻的创意公司。"确实，他们也这么做了，在 2018年上半年交出了多个优秀案例作品：一手打造了"流利说"的AI 老师，誓把人类英语抓上去；让"花呗"的 Logo 雕像化身为相声大师；给 RIO微醺找来某著名艺人，拍了一支充满粉红的"暗恋物语"；拍一支《拳皇命运》广告，重塑你记忆中的《拳皇》；以一支朋友圈竖屏视频广告讲述了朋友圈背后的故事，告诉你宝洁的"爱在日常，才不寻常"；用21 天元气计划开启天猫"理想生活"……不得不说，他们尽可能地呵护了"创意"。

14．Dine Creative Design

Dine Creative Design参与了"好奇心日报""看理想""GQ24""我要WhatYouNeed"等知名新媒体品牌的视觉设计项目。

15．W

开过药厂、饭店，也在顶尖创意热店待过的创意人李三水先生创立了W公司。W公司出手不凡，从2014年年底到2015年，产出的一系列H5都算是行业的标杆性作品，创造性十足，带着整个H5行业向前狂奔。在不到一年的时间里，人们把H5和W画上了等号。

要点回顾

新媒体视觉设计的就业主要有两条渠道：一是服务品牌新媒体部门，为专一的新媒体品牌做视觉设计，风格和情感都比较固定，难度相对较小；二是加入新媒体设计公司，为不同的品牌定制新媒体视觉方案，风格多变，挑战更大。

设计实践

挑选一家你最喜欢的新媒体设计公司，针对其岗位需求制作求职简历，并分析自己目前的优势与不足。

参考文献

[1]张立. 基于新媒体的视觉设计研究[J]. 科教导刊（中旬刊），2016（10）：135-136.

[2]李砚祖. 设计：在科学与艺术之间[J]. 装饰，2001（3）：49-51.

[3]詹姆斯·戈登·班尼特. 新媒体设计基础[M]. 上海：上海人民美术出版社，2012.

[4]Colborne G. 简约至上：交互式设计四策略[M]. 北京：人民邮电出版社，2011.

[5]史墨，倪春洪. 标志与导视系统设计[M]. 沈阳：辽宁科学技术出版社，2015.

[6]南云治嘉，武湛. 版式设计基础教程[M]. 北京：中国青年出版社，2010.

[7]威廉·瑞恩，西奥多·柯诺瓦. 美国视觉传达完全教程[M]. 上海：上海人民美术出版社，2008.

[8]田中久美子，暴凤明. 版式设计原理[M]. 北京：中国青年出版社，2015.

[9]冯晓青，王瑞. 微博作品转发中的著作权问题研究——以"默示授权"与"合理使用"为视角[J]. 新闻与传播研究，2013（2）：44-54.

[10]潘晋. 交互媒体在展览展示中的应用[J]. 科技风，2009（23）：232.

[11]王春锋. 电阻式触摸屏在手机上的应用和发展[J]. 现代显示，2011，22（9）：38-42.